rr
rchch
rrchhhe

Leselöwen
Betthupferlbuch

Leselöwen Betthupferlbuch

Gesammelt und herausgegeben
von Margot Litten
mit vielen Zeichnungen versehen
von Ingeborg Haun
Loewe

CIP-Kurztitelaufnahme der Deutschen Bibliothek

Leselöwen-Betthupferlbuch
ges. u. hrsg. von Margot Litten.
1. Aufl. – Bayreuth: Loewe, 1983.
(Leselöwen) ISBN 3-7855-1946-X
NE: Litten, Margot [Hrsg.]

ISBN 3-7855-1946-X – 1. Auflage 1983

Umschlag: Ingeborg Haun
Satz: Meister-Satz, Hof
Druck: Oberfränkische Verlagsanstalt, Hof
Printed in Germany

Inhalt

Für den Herbst

Bunt sind schon die Wälder, gelb die Stoppelfelder

Für die Weihnachtszeit

Die Pelzkappe voll mit schneeigen Tupfen

„Erst schläft die große Zehe ein,
dann schlafen auch die Knie.
Das Bäuchlein muß sehr müde sein,
es schnarcht ja schon, und wie . . .“

. . . aber bis es soweit ist, haben Eltern meistens ihre liebe Not – denn welches Kind geht schon gerne ins Bett? Am Abend werden die Spiele erst richtig spannend, gibt es immer Neues zu entdecken, und die phantasievollsten Ausreden müssen herhalten, um noch ein bißchen Zeit rauszuschinden: ein Königreich für ein paar Minuten!

Eltern wissen das – und haben ihrerseits ein paar kleine Tricks, um Kindern das Zubettgehen zu versüßen: mit einem Betthupferl zum Beispiel, einer kleinen Leckerei, oder – noch wirkungsvoller – einer Geschichte, einem Gedicht . . . Doch welcher Mutter, welchem Vater, welchen Großeltern fällt schon allabendlich etwas Neues ein?

Ihnen – und den Kindern – zuliebe hat sich der Bayerische Rundfunk etwas ausgedacht: das Betthupferl.

Seit über dreißig Jahren erinnert es die Kinder abends kurz vor sieben in Vers und Prosa daran, daß der Tag für sie nun zu Ende geht.

Kinderfunk-Redakteurin Margot Litten, seit mehreren Jahren verantwortlich für diese Sendereihe, hat aus der Schatztruhe des Betthupferls die schönsten Geschichten und Gedichte rausgekramt.

Und deshalb, liebe Kinder: Ohren auf, Augen zu, denn jetzt kommt euer Betthupferl!

Die Enten laufen Schlittschuh

Will das Glück nach seinem Sinn
Dir was Gutes schenken,
sage Dank und nimm es hin
ohne viel Bedenken!
Jede Gabe sei begrüßt,
doch vor allen Dingen:
Das, worum Du dich bemühst,
möge Dir gelingen!

Wilhelm Busch

Babuschka und die drei Könige

Vor vielen Jahren stand einmal ein kleines Haus ganz allein zwischen den Wiesen und Feldern. Dort wohnte die alte Babuschka. Im Sommer sangen die Vöglein im Apfelbaum, aber im Winter war alles still. Auf den Wiesen und Feldern lag Schnee. An einem Wintertag fegte und putzte Babuschka wieder einmal ihr kleines Haus. Weil sie allein war und viel Zeit hatte, fegte und putzte sie oft so lange, bis es allmählich dunkel wurde. Plötzlich blieb Babuschka mitten in der Stube stehen. Durch Schnee und Wind hatte sie deutlich die Stimmen von Menschen gehört. Als Babuschka aus dem Fenster sah, wollte sie kaum ihren Augen trauen. Da kamen zuerst drei weiße Pferde, die einen prächtig geschmückten Schlitten zogen. Drei Männer saßen in dem Schlitten. Sie waren bunt und fremdländisch angezogen. Jeder von ihnen trug eine schwere Krone, mit Edelsteinen reich verziert. Dann kamen noch viele Männer zu Pferd oder zu Fuß, es war eine lange Reihe, und die ersten standen schon vor Babuschkas kleinem Haus. Als es an die Tür klopfte, hätte Babuschka sich gern versteckt. Sie fürchtete sich und wartete lange. Dann aber zog sie den Riegel zurück und trat vor das Haus. Waren es Könige, die vor der Tür standen? Einer der drei Fremden im Schlitten lächelte und sagte freundlich: „Fürchte dich nicht! Wir sind einem hellen Stern gefolgt und suchen den Ort, wo ein Kind geboren wurde, das uns allen Freude und Erlösung bringt. Willst du nicht mitgehen, Babusch-

ka? Wir haben den Weg verloren im tiefen Schnee. Hilf uns den Weg wiederfinden, damit wir dem Kind unsere Gaben bringen!"

Der kurze Wintertag ging schon dem Ende zu. Babuschka sah in das Schneegestöber hinaus. „Kommt in die Stube und wärmt euch! Ich mache erst noch die Arbeit im Haus fertig. Morgen werde ich gewiß mit euch gehen." Doch die drei Könige wandten sich ab. „Wenn du nicht mitkommen kannst, Babuschka, wir müssen gleich wieder aufbrechen. Für uns gibt es keinen Aufenthalt."

Babuschka sah ihnen lange nach, wie sie wieder durch Wind und Schnee über das weite Land zogen. Und dann dachte sie daran, was die drei Könige ihr von dem neugeborenen Kind erzählt hatten: daß es allen Menschen Freude und Erlösung bringen werde. „Wenn ich doch mitgegangen wäre", dachte sie, „ich hätte das auserwählte Kind mit eigenen Augen gesehen." Sie bereute nun, daß sie zurückgeblieben war. Auch als sie sich zum Schlafen niederlegte, fand Babuschka keine Ruhe. Sie konnte den Morgen kaum erwarten, denn sie hatte nur noch den einen Wunsch, das Kind zu finden und ihm Geschenke darzubringen, wie es die Könige tun wollten. Schon im Morgengrauen machte sich Babuschka auf den Weg. Sie trug in der Reisetasche die wenigen kleinen Geschenke, die sie in ihrer Hütte gefunden hatte. Auch wenn sie nicht kostbar waren, so hoffte Babuschka doch, daß sich das Kind darüber freuen würde.

Sie trat aus dem Haus und suchte die Spuren im Schnee, die ihr den Weg der Könige zeigen sollten, aber der Wind hatte die Spuren längst verweht. So ging sie allein und ohne Hilfe in das verschneite Land hinein, klopfte an viele Türen und fragte: „Sind drei Könige hier vorbeigekommen? Kennt ihr das auserwählte Kind, und wißt ihr, wo es geboren wurde?“ Aber nicht einer von allen konnte ihr Antwort geben.

Fremde Kinder spielten im Schnee. Babuschka sah ihnen gerne zu. Seitdem sie hinausgezogen war, um das eine Kind zu suchen, hatte sie alle Kinder liebgewonnen. Aber

nicht lange durfte sie stehenbleiben. Babuschka wanderte weiter, und vergeblich fragte sie überall: „Wißt ihr den Weg zu dem auserwählten Kind?"

Niemand weiß, ob sie das Kind schließlich gefunden hat. Aber die Leute erzählen, daß bis auf den heutigen Tag, wenn es Winter geworden ist, eine alte Frau durch die Straßen und Gassen geht. Sie schaut in die Stuben hinein, und manchmal finden die Kinder am anderen Tag ein kleines Geschenk auf der Fensterbank, nur eine Zuckerstange oder ein einfaches Spielzeug. Die gute alte Babuschka ist in der Dunkelheit an ihrem Haus vorbeigekommen.

Paul Schaaf

Fünf Finger im Schnee

Neben uns wohnt ein Neger. Seit gestern. Ich hab' ja vielleicht gestaunt. Ein Negerjunge! So groß wie ich. Bloß schwarz. Und wie! Seine Mama und sein Papa sind aber weiß. Das können ja gar nicht seine Eltern sein, hab' ich noch gedacht. Weil er doch schwarz ist. Aber er sagt Mama und Papa zu ihnen. Das hab' ich genau gehört. Was sie zu ihm sagen, das hab' ich nicht gehört. Vielleicht sagen sie „Neger" zu ihm . . .

Ich sitze auf meinem Schlitten. Im Garten. Ich warte, daß der Neger rauskommt. Und sich über den Schnee wundert. Neger kennen doch keinen Schnee. Weil's in Afrika keinen gibt. Das weiß ich sicher. Papa hat's gesagt. Ich will unbedingt sehen, wie der Neger sich wundert. Aber er kommt und kommt nicht. Ich könnte ja rodeln gehen. Aber ich mag nicht. Ich warte lieber.

Da kommt er. Endlich! Wie sieht der denn aus? Ich muß lachen. Der ist ja ganz in Weiß. Weißer Schneeanzug, weiße Stiefel, weiße Bommelmütze und weiße Handschuhe! Bloß das Gesicht ist schwarz. Und wie. Das sieht ja komisch aus.

Er hat mich nicht gesehen. Oder doch? Er schaut rüber zu mir. Aber er sagt nichts. Ich sag auch nichts.

Er schaut in den Himmel. In die Schneeflocken hinein. Die fallen auf sein Gesicht. Weiße Flocken auf schwarze Backen. Wie getupft sieht der aus. Die Schneeflocken schmelzen schnell. Schade. Getupft war lustig . . . Wie der wohl heißt? Wie der wohl spricht? Neger reden so, daß man sie nicht verstehen kann. Hat der Papa gesagt.

Jetzt wandert er im Garten herum. Der Neger. Er wundert sich überhaupt kein bißchen über den Schnee. Komisch. Wo er ihn doch gar nicht kennen kann!

Vielleicht ist das gar kein richtiger Neger. Vielleicht ist er ein ganz normaler Junge, und er hat sich bloß zum Spaß schwarz angemalt? Das würden meine Eltern aber nie erlauben . . .

Jetzt schaut er schon wieder rüber. Ich möchte zu gerne wissen, ob er ein richtiger Neger ist. Vielleicht färbt er ab. Aber fragen trau ich mich nicht. Man kann ja nie wissen . . .

Jetzt bleibt er stehen. Er ruft was. Meint der mich? Er meint mich! Er winkt sogar.

Ich geh langsam hin. Meinen Schlitten nehme ich lieber mit. Damit ich schnell davonrodeln kann ... Er steht und wartet auf mich. Und plötzlich zieht er die Handschuhe aus, bückt sich und drückt die Hand in den Schnee. Die Fingerabdrücke sind im Schnee. Ziemlich kleine. Und überhaupt nicht schwarz. Ich bücke mich auch und drükke auch meine Hand in den Schnee. Meine Finger sehen genauso aus wie seine. Im Schnee. Genauso groß.

Er grinst, und ich muß auch grinsen. Wir drücken hintereinander Hände in den Schnee. Es gibt ein richtiges Muster. Schön! Und man kann nicht erkennen, was seine Hände sind. Und was meine Hände sind ...

Jetzt weiß ich alles über den Neger! Lorenz heißt er. Er spricht wie ich. Weil er hier geboren ist. Wie ich. Und Afrika kennt er auch nicht. Wie ich. Und seine Eltern haben ihn aus einem Waisenhaus geholt, drum sind sie weiß. Einen Schlitten hat er nicht. Aber ich. Wir rodeln jetzt zusammen. Aber ich sitz vorne!

Gudrun Mebs

Der Schlittschuhkarpfen

Karpfen sind leidenschaftliche Schlittschuhläufer.

Nur weiß das niemand, weil noch nie jemand einen Karpfen Schlittschuhlaufen sah.

Einmal verlor ein kleines Mädchen seine Schlittschuhe.

Und der alte Karpfen Schuppinski war ganz begeistert.

Endlich passende Schlittschuhe, sagte er sich. Morgen ist Vollmondnacht, da probier' ich ein paar Pirouetten. Das liebe ich.

Karpfen laufen unglaublich gerne Schlittschuh bei Musik. Und weil er niemanden kannte, fragte er eine Lachmöwe: Kannst du Musik zum Schlittschuhlaufen machen?

Selbstverständlich, sagte die Lachmöwe und lachte geheimnisvoll.

Natürlich kann keine Lachmöwe Musik zum Schlittschuhlaufen machen.

In der nächsten Nacht war Vollmond. Der Karpfen sprang aus dem Eisloch. Es war die einzige Stelle, wo er heraus konnte, denn der übrige See war vereist.

Er zog sich die Schlittschuhe an und sagte zu der Lachmöwe: Kennst du die Mondscheinsonate?

Das war viel verlangt von einer Lachmöwe. Aber Karpfen wissen nicht so gut Bescheid, was oben vor sich geht.

Die Mondscheinsonate kann ich nicht, sagte die Lachmöwe, aber was ich kann, ist schöne Lachmusik.

Ich will aber was sehr Feierliches, sagte der Karpfen, ich will, daß mein Schlittschuhtanz unvergeßlich bleibt.

Dann tanzte er, und die Lachmöwe lachte.

Du machst eine phantastische Mondmusik, sagte der Karpfen, man möchte nur noch kreisen und schwingen und sich drehen und wiegen.

Es war so schön, daß der Mond neidisch wurde und zu ihnen herunterkugelte.

Da verging der Möwe das Lachen, weil sie den Mond noch nie unten gesehen hatte.

Und der Karpfen fragte: Was ist denn mit deiner Mondmusik?

Da begann der Mond sich wie eine Schallplatte zu drehen, und der alte Karpfen Schuppinski hörte auf einmal die echte Mondscheinsonate.

Er lief ganz außer sich über das Eis.

Das Mädchen, das seine Schlittschuhe verloren hatte, stand am Ufer und schaute zu.

Ich laß ihm meine Schlittschuhe, sagte es. So kleine und silberne bekommt er nie wieder.

Es war unmöglich, dem Karpfen die Schlittschuhe wegzunehmen. Weil er doch ein so begeisterter Schlittschuhläufer war.

Sogar die Lachmöwe konnte nicht mehr lachen und wackelte nur mit dem Kopf, was bei einer Lachmöwe die größte Verwunderung ausdrückt.

Ludvik Askenazy

Die Enten laufen Schlittschuh
auf ihrem kleinen Teich.
Wo haben sie denn die Schlittschuh her –
sie sind doch gar nicht reich?

Wo haben sie denn die Schlittschuh her?
Woher? Vom Schlittschuhschmied!
Der hat sie ihnen geschenkt, weißt du,
für ein Entenschnatterlied.

Christian Morgenstern

Spielen müssen

Tina hat Krach mit ihrem Bruder. Gleich nach dem Mittagessen hat es angefangen. Tina wollte lesen, Florian spielen. Kasperltheater. Mit der Tina. Wenn die doch aber lieber lesen wollte! „Spiel mit mir, sonst sag ich's der Mama“, hat der Florian gedroht und auffordernd mit dem Kasperl und der Gretel vor Tinas Nase herumgewedelt.

„Ich will lesen, laß mich in Ruh“, hat die Tina gesagt und dem Florian einen Puff versetzt. Da hat der angefan-

gen zu brüllen, aber auch gleich so, daß die Mama ins Kinderzimmer gerannt kam.

„Die Tina spielt nicht mit mir", hat der Florian geheult und seinen Kopf an Mamas Bauch gepreßt.

„Wenn ich doch lieber lesen mag!" hat die Tina gemault.

Die Mutter hat Florians Kopf gestreichelt, seine Nase geputzt und dabei die Tina vorwurfsvoll angeschaut.

„Nun spiel halt mit ihm", hat sie gesagt, „schau, tu's halt mir zuliebe, ja? Du bist doch meine Große!" Und sie ist raus und hat die Kinderzimmertür hinter sich fest zugemacht.

Da hat die Tina gewußt, nun muß sie spielen, ob sie will oder nicht. Sonst gibt's Ärger.

Tina seufzt tief und greift nach den Kasperlefiguren. Florian hat mit dem Heulen aufgehört und schaut erwar-

tungsvoll. Tina zieht den Kasperl über ihre rechte Hand und die Gretel über die linke. Und fängt an zu spielen.

„Hallo, Gretel“, sagt der Kasperl und hat Tinas Stimme.

„Hallo, Kasperl“, sagt die Gretel mit der Tina-Stimme, die ganz hoch ist.

„Warum bist du denn so sauer?“ fragt der Tina-Kasperl.

„Weil, weil, weil . . .“ sagt die Tina-Gretel, und dann weiß sie nicht weiter.

„Weil du nicht mit mir spielen magst“, hilft da der Florian und zupft den Kasperl am Ärmel.

„Genau!“ sagt die Tina-Gretel, „ich hab’ halt keine Lust, verstehst du?“

„Schon“, sagt der Tina-Kasperl und wackelt auf Tinas Hand hin und her, „versteh ich, aber du mußt!“

„Mist!“ sagt die Tina-Gretel und wackelt auch auf Tinas Hand, der linken, „was machen wir denn da?“ Und beide Figuren auf Tinas Händen lassen die Nasen tief hängen.

„Das ist doch ganz einfach!“ sagt da der Florian, greift nach den Figuren, zieht sie von Tinas Händen herunter und setzt sie auf den Boden. Er holt ein Buch, schlägt es auf und legt es auf den Schoß von Kasperl und Gretel. Und beide hängen ihre Nasen tief ins Buch. „Ihr lest jetzt was!“ sagt der Florian streng, „und keinen Mucks, verstanden? Lesen ist lustig!“ Und weil die Kasperlfiguren ohne Stütze schlecht aufrecht sitzen können, kippen sie vornüber und liegen mit ihren Nasen auf dem Buch drauf.

Das sieht lustig aus, und Tina muß lachen.

„So", sagt der Florian, „das haben wir!" Und er holt ein anderes Buch, legt es der Tina auf den Schoß und schlägt es auf.

„Lies was", verlangt er, „aber laut!"

„Ich denke, du willst spielen?" sagt die Tina und schaut verwundert auf das Buch in ihrem Schoß.

„War doch schon!" sagt der Florian, legt sich auf den Kinderzimmerfußboden vor die Tina, und die Tina liest. Laut. Sie liest nicht vor, sie liest das, was sie selber vorhin lesen wollte. Bloß halt laut. Und der Florian liegt still und hört zu und tut keinen Mucks. Als die Mutter die Kinderzimmertür aufmacht, da sieht sie eine lesende Tina und einen horchenden Florian, und sie macht die Tür wieder zu.

Tina hat keinen Krach mehr mit ihrem Bruder. Für heute.

Gudrun Mebs

Die Lappen

Die Lappen wohnen in Lappland, wo es sehr kalt ist. Deshalb nehmen die Lappen zurechtgeschnittene Stoffstücke und wickeln sie sich als Fußlappen um die Füße. Doch meist ist es dann nur den Füßen nicht mehr kalt, aber den Händen, dem Bauch und der Nase genau wie vorher.

Ja, sogar noch kälter, denn gegen Abend sinkt die Temperatur weiter. Also schneiden sich die Lappen Kleidungsstücke zurecht, die mit Nadel und Faden zusammengenäht werden. Die sind auch aus Stoff, wie die Fußlappen, nur aus besserem, den sie außerdem färben. So nennt man ihn dann nicht Lappen, sondern Hemd, Hose, Pullover oder Muff.

Oft ist es den Lappen zu mühsam, sich alle Sachen zum Anziehn selbst zu schneidern, und sie kaufen sich diese im Geschäft. Wenn Mutti allein dort war und ein schönes Kopftuch mitgebracht hat, sagt Vati manchmal: „Was hast du dir denn wieder für einen Lappen gekauft?“ Das ist bei den Lappen vielleicht anders, jedoch als sicher kann gelten, daß sie trotz Pullover, Hemd, Hose, Muff immer noch an der Nase frieren.

Da helfen auch Ohrenschützer und Handschuhe nicht. Und auch keine Mütze.

Die Eskimos, ein anderes Volk, das in einem Land lebt, wo es immer sehr kalt ist – also die Eskimos haben deshalb schon vor längerer Zeit beschlossen, sich beim Begrüßen mit den Nasen zu berühren. Auch wenn sich eine Eskimofrau und ein Eskimomann liebhaben, reibt einer dem anderen die Nase. Und der andere dem einen. Und wenn sie sich sehr liebhaben, reiben sie auch ganz stark, und die Nasen werden viel wärmer als bei jenen, die sich nicht mögen. So ist die Liebe bei den Eskimos sehr praktisch.

Ob sich das schon bis zu den Lappen herumgesprochen hat, weiß ich nicht. Wer mal einen trifft, kann ihm ja diesen Tip geben. Aber sicher gibt es bei den Lappen nicht nur Leute, die sich gern haben. Bestimmt gibt es sogar Lappen, die sich nicht sehen können, ohne aufeinander wütend zu werden.

Sagt dann der eine Lappe etwas Boshaftes zu dem anderen, antwortet der andere genauso böse: „Lapp mich ja nicht voll!"

Jedoch viel schlimmer ist, wenn sie sich nicht volllappen, sondern sehr höflich sind und „Guten Tag, wie geht es Ihnen?" sagen.

Und der zweite antwortet liebenswürdig: „Danke der Nachfrage, gut – und Ihnen?" Und am liebsten würden sie voreinander den Hut ziehen, doch den haben sie nicht

auf, nur eine Mütze, und um die abzunehmen, ist es zu kalt in Lappland. So verziehen sie nur das Gesicht, so freundlich, wie sie sich eben verstellen können.

Aber später, zu Hause, da reißen sie wütend die Mütze vom Kopf, wenn sie ihren Frauen erzählen, was für ein ausgemachtes Ekel sie zufällig getroffen haben. Dann fluchen sie: „Heute hätte ich ihm beinahe meine Meinung gesagt, diesem Waschlappen!"

Das wiederum ist nicht nur bei den Lappen so.

Lutz Rathenow

Ist Renate verrückt?

Vor vielen, vielen Jahren lebte einmal in einem unbekannten Dorf ein Mädchen, namens Renate. Man weiß nicht mehr, ob sie blond oder braun, dick oder dünn war, man weiß nur, daß sie die Leute in ihrem Dorf gern hatte.

Der Vater von Renate, Herr Bamm, war reich, und wie fast alle Reichen wollte er noch reicher werden. Darum stritt er immer mit Herrn Bimm und Herrn Bumm, den beiden anderen reichen Männern des Dorfs.

Eines Abends lud Bamm Bimm und Bumm zum Essen ein. Alle drei trugen gestreifte Hosen, schwarze Jacken und Zylinder, sie hatten gestärkte Hemden an und eine Brillantnadel in der Krawatte. Alle drei trugen eine Uhr

mit einer dicken goldenen Kette, die aus der Westentasche heraushing. Alle drei hatten dicke Bäuche, die sie mit Essen und Trinken vollstopften.

Danach sagte Bamm: „Wenn wir drei Feinde bleiben, können wir unseren Reichtum nicht vergrößern. Vereint würden wir viel mächtiger sein!“ Dem stimmten Bimm und Bumm zu.

„Und wie können wir den Leuten am besten das Geld wegnehmen?“ fragte Bumm.

Bamm wurde zornig: „Wir nehmen es nicht weg, du dummer Bumm – wir verdienen es! Ist es etwa unsere Schuld, wenn die anderen nicht so schlau sind wie wir?“

„Richtig“, bestätigte Bimm. „Also, was machen wir?“

„Die Kartoffeln kosten jetzt pro Pfund ein Golding – so hieß damals das Geld. Wir kaufen alle auf, und morgen muß jeder, der Hunger hat und Kartoffeln will, sie von uns kaufen. Und wir verkaufen sie dann für zwei Golding pro Pfund!“

„Gut! Bravo!“ riefen Bimm und Bumm im Chor. „So verdoppeln wir unser Geld!“

Renate hatte all diese Reden gehört und dachte: Die Kartoffeln sind schon jetzt viel zu teuer und die Leute haben viel zuwenig Geld. Statt des Doppelten sollten sie die Hälfte kosten ... Aber was kann ich machen?“

Am nächsten Tag hatten die drei Kaufleute alle Kartoffeln der Gegend aufgekauft. Aber Renate ging in jedes Haus und sagte dem ganzen Dorf: „Die Kartoffeln sind vergiftet!“

Bimm, Bumm und Bamm mit ihren vor Kartoffeln

überfließenden Lagerhäusern freuten sich bei dem Gedanken an ihre Gewinne, aber die Tage gingen vorbei, und niemand wollte kaufen. Die drei Händler bekamen es mit der Angst, daß die Kartoffeln schlecht werden könnten. Schließlich holten sie enttäuscht und wütend die Kartoffeln raus. Um sie zu verkaufen, bevor sie verfaulten, senkten sie den Preis auf ein halbes Golding pro Pfund!

Nun ging Renate wieder in jedes Haus und sagte: „Es ist nur ein Witz gewesen, denn es stimmt gar nicht, daß die Kartoffeln vergiftet sind!"

Alle dachten, daß Renate ein bißchen verrückt sei, aber alle kauften die Kartoffeln zum halben Preis.

Teseo Tavernese

Schni! Schni! Schni!

Giovanni ist erst seit Januar in der Klasse 4a.

Er hat bisher bei seiner Oma in Sizilien gelebt. Seine Eltern und seine Geschwister sind schon lange in der Bundesrepublik.

Neben Julia ist ein Platz frei gewesen, weil ihre Banknachbarin, die Annette, krank war.

Julia hat Giovanni angelacht. Giovanni hat Julia auch angelacht, als er sich neben sie gesetzt hat.

Die Lehrerin hat gesagt, daß Julia Giovanni in der

Pause den Schulhof zeigen soll. Das hat Julia gemacht. Dieter, Hanne und Klaus haben auf dem Schulhof Gummitwist gespielt. Dieter, Hanne und Klaus sind Julias Freunde. Julia hat gesagt, daß Giovanni beim Gummitwist mitmachen soll.

„Mit Ausländern spiel ich nicht", hat Dieter gesagt.

„Die haben alle Wanzen und Flöhe", hat Klaus gesagt.

Und Hanne hat gesagt, daß Julia mit dem abhauen soll.

Julia wollte aber mitspielen. Sie hat Giovanni stehenlassen. Sollten sich doch die anderen um ihn kümmern.

Am anderen Tag war Annette wieder gesund. Sie hat sich auf ihren Platz neben Julia setzen wollen. Aber die Lehrerin hat bestimmt, daß Giovanni bei Julia bleiben soll. Und Annette sollte sich zu Dieter setzen.

Julia hat sich grün geärgert. Annette ist nämlich die Beste im Diktatschreiben gewesen. Bei Diktaten hat Julia immer gut bei Annette abschauen können.

Giovanni ist nicht gut in Deutsch gewesen – im Gegenteil. Er hat überhaupt nur ein paar Brocken gekonnt.

Am Dienstag ist die Sache mit den Buntstiften passiert.

Die waren weg, Julias Buntstifte. Dabei wußte sie ganz genau, daß sie die Buntstifte am Morgen in ihren Ranzen gepackt hatte. Die rote Schachtel mit den Buntstiften.

„Leih dir ein paar Stifte bei Giovanni", hat die Lehrerin gesagt.

Giovanni hat seinen Kasten mit den Buntstiften auf die Bank gelegt.

„Das sind ja meine!" hat Julia geschrien. Sie hat den roten Kasten mit den Stiften gleich wiedererkannt.

„Siehst du, wie der klaut!“ hat Dieter gerufen. Die Lehrerin hat mit Dieter geschimpft, daß er nicht so einen Quatsch reden soll. Und zu Julia hat sie gesagt, daß Giovanni wahrscheinlich die gleichen Stifte wie Julia hat. Und Julia soll zu Hause nachsehen, ob sie vielleicht irgendwo rumliegen.

Julias Buntstifte haben unterm Bett gelegen, zu Hause in ihrem Kinderzimmer. Julia war das sehr peinlich. Und sie hat nicht gewußt, ob sie sich bei Giovanni entschuldigen soll. Wo sie ihn doch für einen Dieb gehalten hat.

Julia hat sich nicht entschuldigt. Sie hat aber in der Rechenstunde ganz langsam ihren Kasten mit den Buntstiften rausgeholt und auf die Bank gelegt. Es waren die gleichen Buntstifte.

Julia ist rot geworden. Sie hat sich geschämt.

Giovanni hat auf die beiden Kästen geschaut, den Kopf abgewandt, zum Fenster hin. Und dann ist er aufgesprungen. „Schni! Schni! Schni!“ hat er geschrien.

Julia hat gedacht, der Giovanni spinnt. „Schni! Schni! Schni?“ Was meinte er damit?

„Schni!“ Giovanni hat auf die Schneeflocken gezeigt, die dick und weich am Fenster vorbeigetaumelt sind.

„Es ist wohl sein erster Schnee“, hat die Lehrerin gesagt. „Er kennt Schnee überhaupt nicht.“

„Der erste Schnee?“ hat Julia gedacht. Und plötzlich ist ihr eingefallen, daß sie noch ein Paar alte Skier auf dem Boden hat. Sie wird Mama fragen, ob sie Giovanni die Skier schenken darf.

Ursula Fuchs

Spatzenbitte

Insbesonders, hochverehrter Mensch,
Du siehst, die Zeit ist wetterwend'sch,
Der Schnee liegt hoch, kalt weht der Wind,
Das Vöglein darbt mit Frau und Kind.
Drum bitt' ich auch in diesem Jahr,
Du wollest nehmen unsrer wahr
Und spenden, was an Korn und Spelt
Von Deinem reichen Tische fällt.
Jed Krümchen nehmen wir mit Dank
Und sind mit Zwitschern und Gesang
Dereinst in warmer Sommerszeit
Zu jedem Gegendienst bereit.
Beauftragt vom geschwind'gen Chor.
Trug ich Dir dies geziemend vor.
Nun öffne Deines Vorrats Schatz.
Ergebenst! Dein getreuer Spatz.

Cabanis

Wie eine Geschichte entsteht

Da waren einmal ein paar Leutchen zusammen, ganz, ganz kleine Leutchen, die man gar nicht sehen konnte, die aber doch so tüchtig waren, daß sie mancherlei konnten.

Eines dieser Leutchen sagte: „Ich will, daß wir eine Geschichte machen." Es hieß übrigens: der Wille.

„Hm", antwortete ein anderes, „mal sehen, ob mir etwas einfällt." Sein Name war: die Idee.

Und ein drittes meinte dazu: „Ich mache meine Augen zu und denke ganz fest an die Geschichte, damit ich mir alles so recht vorstellen kann." Das war die Phantasie, die das sagte.

„Na schön! Dann mache ich auch mit." So rief ein viertes der kleinen Leutchen dazu. „Wenn ihr eure Dinge alle da habt, dann werde ich sie wie Bauklötzchen zusammensetzen." Der das rief und sich also für klug genug hielt, um in die ganze Sache Ordnung hineinzubringen, war der Verstand.

„Halt!" rief ein fünftes und hob seinen beträchtlich langen Zeigefinger mahnend empor. „Mich dürft ihr nicht vergessen. Es muß ja auch ein Sinn in der Geschichte sein, ein Sinn, aus dem man etwas lernen kann. Den gebe ich dazu." Das war natürlich die Moral, die andere immer gern belehren möchte.

So hatten die fünf also bald allerlei zusammen, und es war auch eine Geschichte. Aber doch gefiel sie ihnen allen nicht so recht. Nicht, daß sie langweilig gewesen wäre, nein, sie war recht hübsch. Nur war sie irgendwie kalt, etwas ärmlich, etwas dürr und trocken, und es machte eben keine besondere Freude, diese Geschichte zu hören. Das merkten alle fünf, aber sie wußten sich keinen Rat.

„Vielleicht kann ich euch etwas helfen", kam da ein leises Stimmchen, und sicher ahnst du schon, wer das wohl war. „Wie willst du uns denn dabei helfen?" riefen die fünf.

„Ihr habt vergessen, an die zu denken, für die eure Geschichte bestimmt ist und die sie einmal hören sollen. Und ich glaube, das Denken an diese, an die Kinder, das kann ich wohl am besten."

„Und wie willst du das machen?" fragten die fünf wieder.

„Das werdet ihr gleich wissen, wenn ich euch nur meinen Namen sage. Ich bin nämlich die Liebe."

Und nun wurde die Geschichte auf einmal so recht lebendig und voller Wärme und bunter Farben, ja die Kinder meinten beim Zuhören geradezu, die Geschichte wäre von einer sanften Melodie begleitet.

Es war wirklich eine richtige und schöne Geschichte geworden.

Wie sie war? – Nun, das muß ich dir ein anderes Mal erzählen.

Walter Haug

Der Froschkönig in der Badewanne

Abends erzählte die Oma öfters von alten Zeiten, in denen das Wünschen noch geholfen hat: Vom Tischleindeckdich oder von der Frau Holle und anderen sagenhaften Leuten.

Vor ihr saß die kleine Judith mit ihren Schwestern Stefanie und Johanna, die schon zur Schule gingen. Judith hielt dabei immer ein blitzblank geputztes Essiggurkenglas auf dem Schoß.

In diesem Glas lebte Theo. Der hatte eine grüne Farbe und wußte über das Wetter Bescheid. In seinem Glas stand eine Leiter, und wenn Theo da raufkletterte, schien am nächsten Tag bestimmt die Sonne. Blieb er aber am Boden sitzen, gab es Regen, trüben Himmel oder kalten Wind. Theo war nämlich ein Wetterfrosch. Oft fing Judith für ihn lebende Fliegen, die fraß er besonders gerne.

Eines Tages war Theo tot. Niemand wußte, weshalb. Er war ganz einfach tot.

Judith fing an zu weinen. Sie weinte immer lauter und wollte sich nicht mehr beruhigen.

„Was hast du denn?“ schimpfte die Mutter. „So ein dummer Frosch; den kann man doch in jeder Tierhandlung kaufen.“

„Nein! Kann man nicht! Kann man nicht! Theo war

kein dummer Frosch. Du kannst ihn nicht mehr kaufen! Nirgends."

Und Judith weinte weiter.

Bis die Oma kam und sagte: „Weißt du was? Wir fangen einfach den Froschkönig! Ich hab' dir doch von ihm erzählt."

„Aber der lebt doch in einem tiefen Brunnen, und wir haben gar keinen Brunnen!"

Da wußte die Oma erst mal auch keinen Rat mehr. Sie schaute den Vater an, und der sagte:

„Heutzutage gibt's ja kaum noch Brunnen. Da lebt der Froschkönig in der Wasserleitung oder in Abflußrohren oder so."

„Und wie kommt er da raus?"

„Wir könnten ihn in die Badewanne locken", schlug die Mutter vor, „man braucht sich nur davorzustellen und Lieder zu singen oder Gedichte aufzusagen. Das hört er gern, und da krabbelt er dann durch die Leitung in die Badewanne. Dann Stöpsel zu, und wir haben ihn."

„Nein, nein, ich weiß, was er will", piepste da die kleine Judith, „er will schöne Kleider, Perlen und vielleicht einen Fernseher."

„Quatsch", sagte der Vater streng, „er mag Lieder und Gedichte. Der ist doch nicht doof."

„Fein, dann gehen wir gleich alle ins Bad", freute sich Judith und packte die Oma an der Hand. Eine ganze Viertelstunde sang die Familie „Häschen in der Grube", „Alle meine Entchen", „Quak, quak, quak", „Hänschen klein" und was ihnen sonst noch alles einfiel.

Aber in der Wasserleitung und im Abflußrohr rührte sich nichts.

Doch Judith beruhigte die anderen: „Wahrscheinlich spricht der Froschkönig gerade mit seiner Prinzessin. Da kann er doch nicht weg. Kommt, wir singen weiter."

Da stimmte der Vater neue Lieder an, zwischendurch sangen sie Schlager. Stefanie sagte das Gedicht vom Mops in der Küche, und dann sangen alle wieder.

Die Oma mit ihrem krächzenden Ton, der Opa brummte tief im Baß herum, Johanna summte wie üblich falsch, Vater und Mutter sangen zweistimmig, und Stefanie und Judith sangen aus Leibeskräften mit. Immer lauter wurden die Stimmen und die Gesichter immer fröhlicher.

Plötzlich jauchzte Judith vor Freude, und der Vater schlug mit der Faust dreimal auf die Badewanne, daß es krachte, als müsse sie zerspringen.

Und zum Zerspringen fühlte sich auch Judith, weil sie plötzlich richtig glücklich war. „Morgen", rief sie, „morgen singen wir wieder zusammen! Und wenn der Froschkönig nicht kommt, ist's auch egal. Hauptsache, wir singen wieder."

Ernst Mader

Das kleine Hokuspokus

Der Zauberer Pokus saß in seinem Zauberkabinett.

„Herein!" sagte er.

Herein kam seine Frau, die Hexe Hokus. Statt der Nase hatte sie einen Vogelschnabel und statt des Mundes ein Froschmaul. Außerdem hatte sie rotgeweinte Augen.

„Wie siehst du denn aus!" rief der Zauberer Pokus.

Die Hexe Hokus nahm einen Spiegel, den trug sie immer bei sich: „Tatsächlich! Da habe ich ganz vergessen, mich zurückzuhexen!" Sie rümpfte dreimal die Schnabelnase und quakte dreimal mit Froschmaulstimme: „Flinker Flunker flugs entfleucht, Maul und Schnabel, fort mit euch!"

Sogleich verschwand das Froschmaul und wurde ein Mund, verschwand auch der Schnabel und wurde eine ganz normale spitze Hexennase. Nur die rotgeweinten Augen blieben. Die waren echt.

„Was ist los?" fragte der Zauberer Pokus.

„Mir ist langweilig. Drum habe ich ein bißchen an mir herumgehext. Wir sollten ein Kind kriegen."

„Meinetwegen", sagte Pokus. „Einen klugen kleinen Pokus, der mir den Zauberkasten nachträgt, damit ich mich nicht immer so abschleppen muß."

„Aber nein!" rief Hokus. „Eine kluge kleine Hokus, die mir den Spiegel hält, wenn ich mich schönmache."

„Einen Pokus!" schrie Pokus. „Einen Sohn!"

„Eine Hokus!" heulte Hokus. „Eine Tochter!"

„Heul nicht!“ schrie Pokus. „Sonst verzaubere ich dich in eine Fabriksirene. Dann kannst du heulen!“

Er loderte vor Zorn.

„Lodere nicht!“ schrie die Hexe Hokus. „Sonst verhexe ich dich in einen Vulkan. Dann kannst du lodern!“

Am Fenster saß der Rabe Ralf. „Ihr zankt euch immer!“ krächzte er. „Zu Eltern, die sich zanken, kommen Kinder nicht gerne.“

Der Zauberer Pokus sagte: „Ich werde für alle Fälle eine Wiege zaubern und ein Dutzend Milchflaschen. Und du, Hexe Hokus, solltest geschwind ein paar Windeln herbeihexen ...“

Darauf ging er in sein Zauberkabinett und Hokus in ihr Hexenstübchen. Sie zauberten hin, sie hexten her. Und dann waren sie gespannt auf den nächsten Morgen.

Aber es kam kein Kind. Weder am nächsten Morgen noch am übernächsten, noch am überübernächsten.

Die Hexe Hokus hexte sich giftgrüne Haare vor Wut.

„Du siehst scheußlich aus!“ sagte Pokus. „Noch scheußlicher als sonst.“

Hokus hexte sich lange Katzenkrallen und fuhr Pokus damit ins Gesicht.

Am Fenster saß der Rabe Ralf. „Ewig diese Zankerei!“ krächzte er und schenkte ihnen ein Kuckucksei.

Hokus und Pokus setzten sich abwechselnd auf das Ei, um es warm zu halten. Aber als am Abend noch immer kein Kind da war, wurde ihnen das zu mühsam. Sie legten das Ei ins Backrohr, stellten die Wiege daneben und die Milchflaschen, legten die rosa und himmelblauen

Mützchen und Jäckchen und Höschen und Schühchen hin. Und sich selbst legten sie schlafen.

Am Morgen öffneten sie die Tür zum Backrohr.

Zwei Eierschalen fielen heraus. In der Wiege aber lag ein Kind, das hatte ein blaues Mützchen auf.

„Ein Sohn!“ rief Pokus. „Ein kluger kleiner Pokus!“

Seine Frau stand am Ende der Wiege, wo die rosa Babyschuhe herausguckten.

„Eine Tochter!“ rief sie. „Eine kluge kleine Hokus!“

Sie deckten das Kind auf. Es trug ein rosa Jäckchen und eine blaue Strampelhose.

„Was bist du denn nun?" fragten Hokus und Pokus. „Ein Sohn oder eine Tochter?"

„Ratet mal!" sagte das Kind, denn weil es ein Zauber- und Hexenkind war, konnte es sofort reden. „Ich bin ein kluges kleines Hokuspokus. Übrigens ist das ganz egal, ob Sohn oder Tochter. Und zu Eltern, denen das nicht egal ist, möchte ich eigentlich nicht sehr gerne . . ."

Es kletterte aus der Wiege.

„Zauberkästen nachtragen möchte ich eigentlich auch nicht . . ." sagte es und schüttelte den himmelblauen Kopf. „Und Spiegel halten auch nicht!" Dabei stampfte es mit dem rosa Fuß auf. „Nehmt mir's nicht übel, aber ich glaube, wir passen nicht zusammen . . ."

Sprach's, entfaltete zwei winzige Flügel – einer rosa, einer himmelblau – und flog zum Fenster hinaus.

Mira Lobe

Herr Blau

Herr Blau hatte auf seinem Schreibtisch neben der Schreibmaschine einen Blumentopf stehen, in dem eine Pflanze mit vielen lanzenförmigen Blättern wuchs. Diese neigten sich von ihren hochwachsenden Stengeln über den Rand des Blumentopfs auf den Schreibtisch und bildeten so ein kleines Dach aus Grün.

Darunter saß ein kleiner Vogel, den Kopf etwas geneigt und die Flügel leicht erhoben. Sein Kopf war leuchtend rot und nur ums Auge etwas grün. Sein Körper war mit gelben, orangenen und grünen Federn reich geschmückt, und auch seine Flügel waren so bunt wie bei einem Paradiesvogel, wobei ich nicht weiß, ob es einer war. Ich glaube aber eher nicht, denn der Vogel war aus Blech, und wenn man ihn mit einem Schlüssel aufzog, konnte er hüpfen und mit den Flügeln schlagen.

Aber Herr Blau hatte schon vor einiger Zeit den Schlüssel verloren, und so konnte der Vogel nicht mehr mit den Flügeln schlagen.

An einem Tag im Winter setzte sich Herr Blau an seinen Schreibtisch, um zu schreiben. Er war von Beruf Gelegenheitsdichter und hatte den Auftrag erhalten, eine Frühlingsgeschichte zu erfinden – und das mitten im Winter. Ihr könnt euch vorstellen, daß dies ein besonders schwieriger Auftrag für ihn war, denn wie soll man denn im Winter Frühlingsgefühle haben!

Er setzte sich also an seine Schreibmaschine, schloß die

Augen und dachte an alles, was er vom Frühling wußte. Doch bei allem Denken fiel ihm nicht viel ein, denn der letzte Frühling war doch schon ziemlich lange her, und der nächste ließ noch auf sich warten.

Er dachte an frisch knospende Bäume und grüne junge Blätter, doch als er die Augen aufmachte, um dies niederzuschreiben, sah er draußen die kahlen Äste wie schwarze Finger vor dem Fenster, und er wußte nicht mehr, was er schreiben wollte.

Da schloß er wiederum die Augen und hörte in Gedanken Vögel singen, die gerade aus dem Süden angekommen waren. Doch als er die Augen aufmachte, um von ihrem Gesang zu schreiben, hörte er auf dem Fensterbrett die Spatzen und Grünfinken mit den Kohlmeisen um die Sonnenblumenkörner streiten, die er ausgelegt hatte.

Er schaute traurig seinen Blechvogel an, doch auch der hatte keine Frühlingsgefühle, weil Herr Blau doch den Schlüssel verloren hatte, genau vor einem Dreivierteljahr mitten im Frühling. Herr Blau klopfte dem bunten Vogel leicht mit dem Zeigefinger auf den Rücken und weckte damit noch einen kleinen Rest von Leben, der in dem Vogel steckte. Und dieser sang mit einem Geräusch aus Blech das Frühlingslied fertig, in dem er vor einem Dreivierteljahr steckengeblieben war.

Der Frühling hatte sich verfrüht,
kam früher als erwartet
und fand den Winter noch im Schlaf,
mit Eis und Schnee bebartet.

Er blies ihm warm in sein Gesicht,
und steckte ihm ein Veilchen
hinter sein gefrornes Ohr,
und wartete ein Weilchen.

Und als der Winter Veilchen roch,
da gab er nach und sagte noch
ein schönes Jahr, Herr Frühling.

Da bekam Herr Blau doch noch ein Frühlingsgefühl und schrieb dem Frühling eine Geschichte.

Demjenigen, der die Geschichte über den Herrn Blau geschrieben hat, ist es genau umgekehrt gegangen. Er hat die Geschichte nämlich im Sommer schreiben müssen, weil wir auch immer ein paar Monate im voraus planen!

Hubert Endhardt

Kaffeeklatsch

Es waren einmal fünf Brüder, die hießen
Pips, Pops, Pups, Paps und Peps,
die hatten fünf Vettern, die hießen
Kiks, Koks, Kuks, Kaks und Keks,
die veranstalteten einen Kaffeeklatsch.

Und damit sie alle ganz nahe beieinander sitzen konnten, setzte sich

Pips neben Kiks,
Pops neben Koks,
Pups neben Kuks,
Paps neben Kaks,
und Peps neben Keks.

Als sie nun ihren Kuchen aufgegessen und ihren Kaffee ausgetrunken hatten, beschlossen sie, sich jeder einen neuen Tischnachbarn zu suchen. Also setzte sich

Pips neben Kaks,
Paps neben Kuks,
Pups neben Keks,
Peps neben Koks
und Pops neben Kiks.

Nach einer Stunde aber wurden sie ihrer Tischnachbarn schon wieder überdrüssig, und sie beschlossen abermals, die Plätze zu wechseln.

Und so ging es fort bis in den späten Abend hinein. Als endlich jeder von ihnen neben jedem gesessen hatte, schien bereits die Morgensonne durchs Fenster, und es ging ungeheuer hoch her.

Giten Mirgen, lieber Pips, sagte Kiks,
Goten Morgen, lober Pops, sagte Koks,
Guten Murgen, luber Pups, sagte Kuks,
Gaten Margen, laber Paps, sagte Kaks.

Doch genau in diesem Augenblick, als auch Keks dem Peps geten Mergen wünschen wollte, öffnete sich die Tür, und zehn weitere Vettern betraten das Zimmer.

Hallo Schnips, rief Pips; hallo Hicks, rief Kiks,
Hallo Schnops, rief Pops; hallo Hocks, rief Koks,
Hallo Schnups, rief Pups; hallo Hucks, rief Kuks,
Hallo Schnaps, rief Paps; hallo Hacks, rief Kaks.

Peps und Keks aber brachten alles durcheinander. Und nun kann man sich ausrechnen, wie lange das herrliche Fest noch gedauert hat.

Roswitha Fröhlich

Schlafliedchen

Wenn mein Kind nicht schlafen will,
stehen alle Uhren still,
wolln sich nicht mehr drehen.

Wenn mein Kind nicht schlafen mag,
will der liebe, lange Tag
nicht zu Ende gehen.

Wenn mein Kind nicht schlafen kann,
will der Mond mit seinem Mann
nicht am Himmel stehen.

Wenn mein Kindchen aber ruht,
lüpft der Sandmann seinen Hut
und kann weitergehen.

Richard Bletschacher

Nacht

Als Bibi aufwachte, war Nacht. Sie lag verkehrt herum im Bett. Sonst war alles in Ordnung. Bibi rieb sich die Augen. Es war dämmerig im Zimmer. Bibi stand auf und ging ans Fenster.

Eigentlich hatte sie gedacht, daß nachts Fledermäuse unterwegs waren. Aber sie sah nicht eine. Die Luft war leer, und die Straße war auch leer. Gegenüber leuchtete eine Reklameschrift auf, wurde dunkel und wieder hell. „Stadtbote" stand da in Rot. Bibi merkte, daß sie kalte Füße kriegte. „Stadtbote".

Auf einmal war das o weg! ‚Stadtbte'. Bibi öffnete das Fenster und beugte sich hinaus. Vielleicht war das o runtergefallen. Dann konnte jemand darüber stolpern. Sie sah es aber nicht. Bibi beschloß, alles ihren Eltern zu erzählen. Daß sie verkehrt herum im Bett gelegen hatte. Daß keine Fledermäuse da waren. Daß sie kalte Füße hatte. Und daß das o verschwunden war.

Leise öffnete sie die Tür zum Nebenzimmer. Da lagen ihre Eltern nebeneinander und atmeten. Sie schliefen. Bibi setzte sich auf den Bettrand und schaute sie an. In der Nacht sah ihr Vater überhaupt nicht wie ein Vater aus. Seine Lippen standen ein bißchen offen, und er war ein Junge, der gleich lachen will. Oder weinen, dachte Bibi. Auch Bibis Mutter war verändert. Sie lag auf der Seite. Eine Beule im Kopfkissen drückte ihre Nasenspitze hoch. Das machte, daß sie dumm aussah. Dumm und lieb.

Sie können sich nicht wehren, dachte Bibi. Ich starre sie an, und sie können sich nicht wehren. Es ist gemein von mir, dachte sie. Sie haben ihr Mutter- und ihr Vatergesicht abgelegt, weil sie glauben, daß sie in der Nacht Ruhe vor mir haben. Es ist nicht recht, Leuten beim Schlafen zuzusehen.

Aber dann war es doch auch schön, weil nämlich Bibi diese hilflosen Eltern plötzlich ganz besonders lieb hatte. Zärtlichkeit nennt man das, wenn man sich innen fühlt wie umgerührt.

Ich werde sie nicht wecken, dachte Bibi. Wenn sie wach werden, sind sie wieder gewöhnliche Eltern.

„Was fällt dir ein!" werden sie sagen. „Zieh dir wenigstens Pantoffeln an!"

Schlaf-Eltern aber sind wunderbar und still.

Gina Ruck-Pauquèt

Nichts ist mehr wert als ein anderes!

In einem Kindergarten kamen Kinder aus verschiedenen Ländern zusammen. Ein Bub hatte rote Haare und eine ganz weiße Haut mit Sommersprossen. Das war der Jan.

Tschi-Tschis Haut war gelb, und die Haare waren schwarz. Ihre Augen schmal.

Es gab einen Negerjungen, der Pedro hieß, mit einem dunklen Wuschelkopf und Zähnen wie Elfenbein.

Ulla und Hans, die Zwillinge, die immer Hand in Hand anmarschiert kamen, waren hellblond und blauäugig.

Und Gina hatte grünliche Augen und eine Haut mit blaurötlichem Schimmer. Sie war ein Indianerkind.

Keinem Kind war zunächst aufgefallen, wie sehr sich sein Äußeres von dem der anderen Kinder unterschied.

Wichtig war allen nur, wie nett eins war und wie gut man mit ihm spielen konnte.

Bis eines Tages der Jan zu weinen anfing, denn Kinder hatten ihn auf der Straße ausgelacht. „Rotschopf!" hatten sie hinter ihm hergerufen. „Bist du in rote Farbe gefallen?"

Auf einmal wollte Jan wie Pedro aussehen. Am liebsten ganz schwarz. Das wurde zur Mode. Plötzlich gefiel sich auch Tschi-Tschi nicht mehr. Sie hätte etwas darum gegeben, so blond wie Ulla und Hans zu sein. Die aber fanden sich selber ganz langweilig. Sie hätten gleich mit Tschi-Tschi getauscht. Gina aber beneidete gerade Jan um sein rotes Haar.

Zu Hause beklagten die Kinder sich.

Sie fragten die Eltern: „Warum sehe ich nicht wie der Hans oder irgendein anderer aus?"

Sie sagten: „Ich mag meine weiße, gelbe, schwarze oder rote Haut gar nicht mehr."

Jedem gefiel der andere besser als er sich selbst gefiel.

Und warum?

„Eine braune Haut ist so schön wie eine weiße", sagte

die Kindergartentante. „Und eine rote ist nicht weniger hübsch als eine schwarze oder gelbe. Und genauso ist es mit den Augen und den Haaren. Kommt nur darauf an, was einem gefällt! Könnt ihr euch vorstellen, daß ein Pudel zu einem Dackel sagen würde: ‚Hör mal, ich möchte wie du aussehen!' Vorausgesetzt, daß er sprechen könnte."

Die Kinder lachten.

„Oder würde ein Tannenbaum mit einer Birke tauschen wollen? Ein Veilchen mit einem Gänseblümchen oder Vergißmeinnicht? Alles auf der Welt ist schön, gerade weil es vom anderen verschieden ist. Wenn eines wie das andere wäre, das wäre doch langweilig. Nur eins haben alle Kinder und großen Menschen und Tiere und Blumen und Bäume, und was es alles noch gibt auf der Welt, zusammen. Rät das einer von euch?!"

Die Kinder saßen im Kreis um die Kindergärtnerin herum.

Ulla sagte: „Nase und Ohren."

Gina: „Arme und Beine."

Tschi-Tschi: „Augen und Mund."

Das war alles richtig. Aber das allerrichtigste fiel Pedro, dem Negerjungen, ein.

Pedro sagte: „Jedes ist so viel wert wie das andere. Keins mehr und keines weniger!"

Marieluise Bernhard von Luttitz

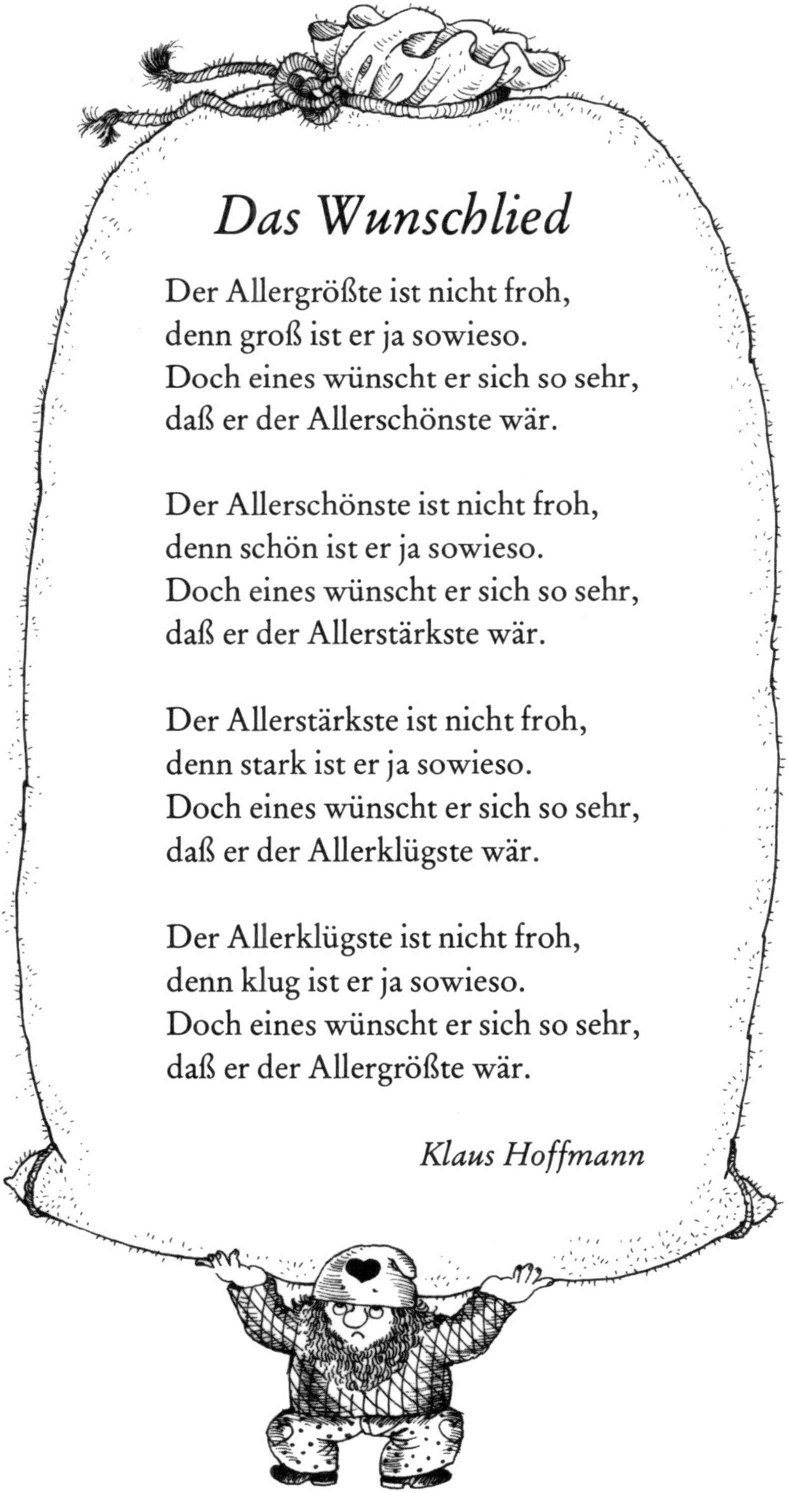

Das Wunschlied

Der Allergrößte ist nicht froh,
denn groß ist er ja sowieso.
Doch eines wünscht er sich so sehr,
daß er der Allerschönste wär.

Der Allerschönste ist nicht froh,
denn schön ist er ja sowieso.
Doch eines wünscht er sich so sehr,
daß er der Allerstärkste wär.

Der Allerstärkste ist nicht froh,
denn stark ist er ja sowieso.
Doch eines wünscht er sich so sehr,
daß er der Allerklügste wär.

Der Allerklügste ist nicht froh,
denn klug ist er ja sowieso.
Doch eines wünscht er sich so sehr,
daß er der Allergrößte wär.

Klaus Hoffmann

Es kommt eine Zeit
da nimmt's ein böses Ende
mit dem Schneemann

Er verliert seinen schwarzen Hut
er verliert seine rote Nase
und der Besen fällt ihm
aus der Hand
Kleiner wird er von Tag zu Tag

Neben ihm wächst ein Grün
und noch ein Grün
und noch ein Grün

Die Sonne treibt
Vögel vor sich her
Die wünschen dem Schneemann
eine gute Reise.

Elisabeth Borchers

Frau Tulipan

Frau Tulipan bekam vor kurzem per Post ein Paket zugeschickt, das um vieles größer war als die Pakete, die sie sonst bekam. Nachdem sie sich durch zwei Kartonschachteln und Berge von Holzwolle und Zeitungspapier durchgewühlt hatte, kam ein Radio zum Vorschein; ein Radio aus rosarotem Marzipan.

Frau Tulipan hüpfte vor Freude, zog die Antenne hoch – sie war aus langen Schokostengeln – und drehte an den Knöpfen, die aus dicken Schokoladetalern waren. Da hörte sie schon die ersten Klänge aus ihrem zuckersüßen Marzipanradio: Süßer die Glocken nie klingen . . ., Kein süßer Land in dieser Zeit . . ., Ich reise übers süße Land . . .

Nach dem Wunschkonzert kam die Kindersendung mit dem Elefanten, der immer Rumkugeln aß. Sie erzählten von einem Mann, der allen Kindern auf der Welt Süßigkeiten herzauberte. Nach dem Lied vom Wurm, der nur süße Äpfel fraß, berichteten sie von einem Dorf, in dem die Erwachsenen nur das machten, was die Kinder wollten.

Und zum Schluß der Sendung bekam jedes Kind ein süßes Betthupferl, das aus dem Radio fiel.

Nach der Sendung für die Kinder kam die Werbung mit der Reklame für Schokoladezigaretten und Süß-Weichspüler, süße Gurken und Zitronen. Sie machten Werbung für ein Auto, das nicht mehr rostet, und für

Brillen mit dem freundlichen Blick – immer freundlich, immer freundlich.

In den Nachrichten sagten sie, daß es heute wieder nur Gutes zu berichten gäbe: Ein Erdbeben in Jugoslawien habe alle Äcker und Beete umgegraben, Häuser wurden nicht beschädigt, ein abstürzendes Flugzeug sei auf eine Schaumgummifabrik gefallen, alle Passagiere blieben unverletzt, und ein Taifun hätte in Kalifornien alle Straßen saubergekehrt.

Frau Tulipan ging nach den Nachrichten in ihr Bett und schaltete am linken Schokotaler ihr Radio aus. Sie war ganz glücklich über all die guten Dinge, die sie heute gehört hatte.

Als sie jedoch am nächsten Tag nach dem Frühstück die Zeitung las, erschrak sie sehr: Ein Erdbeben hatte in Jugoslawien ganze Städte zerstört, und bei einem Flugzeugabsturz waren 235 Menschen ums Leben gekommen; ein Taifun hatte in Kalifornien die ganze Ernte vernichtet, und in Uganda war eine große Hungersnot ausgebrochen.

Frau Tulipan stand auf, wickelte ihr süßes, verlogenes Marzipanradio in die Zeitung und warf beides in die Abfalltonne. Aber schön wäre es doch, wenn es wahr wäre, sagte sie leise.

Hubert Endhardt

Mit duftenden Veilchen komm ich gezogen

Hinterm Zaun

Die mageren Frühlingsbäume
Schütteln sich schnaubend im Wind,
Wie Esel ohne Zügel und Zäume,
Die kaum mehr zu halten sind.

Der Schnee beflaumt ihre Äste
Mit dünnem, krausem Haar,
So trappelt die benäßte,
Aufgeregte Eselschar.

Der Wind bewirft sie mit Körnern,
Wirft Hände voll Hagel auf sie.
Ihre Rinde, rauh und hörnern,
Knackt brechend um Fessel und Knie.

Die weißlichen Nüstern erhoben
Und die schlagenden Hufe pechbraun –
Sie wären davongestoben,
Wär nicht der Gartenzaun!

Georg Britting

Drachensteigen

„Du, Papa, hast du nachher Zeit?“ fragte der kleine Peter ein bißchen zögernd seinen Vater.

Der Vater blickte von seiner Zeitung auf. „Warum denn?“ fragte er.

„Wir könnten doch auf die große Wiese gehen und meinen Drachen steigen lassen“, meinte der kleine Peter.

Der Vater ließ die Zeitung sinken und sah den Peter erstaunt an. „Jetzt?“ fragte er. „Wie kommst du auf so eine Idee? Drachensteigen ist doch nur was für den Herbst.“

„Warum denn?“ fragte Peter zurück. „Dem Drachen ist die Jahreszeit schließlich egal. Heute weht doch ein guter Wind! Ein richtiger Drachenwind!“

Der Vater schaute aus dem Fenster. Draußen bewegten sich die Zweige der Bäume und Sträucher. „Hm“, meinte der Vater, „ein bißchen komisch schaut das schon aus, wenn wir jetzt Drachen steigen lassen.“

„Und warum?“ Peter war hartnäckig.

„Weil . . .“ Der Vater überlegte. Dann mußte er lachen. „Ja, warum eigentlich? Jetzt laß mich nur rasch die Zeitung zu Ende lesen, dann gehen wir los. Du kannst ja inzwischen schon mal den Drachen aus dem Keller holen.“

„Prima!“ schrie Peter und sauste ab in den Keller. Dort lag sein Drachen im Regal. Wie wunderschön bunt er war, wenn man den Staub abwischte, und was für ein lustiges Gesicht er hatte!

Die Leute schauten verwundert, als der kleine Peter

und sein Vater mit dem schönen bunten Drachen zur großen Wiese gingen.

„Grüß dich, Peter", sagte die Frau Weber aus dem Nachbarhaus und nickte auch dem Vater zu. „Sehe ich recht? Willst du zum Drachensteigen?"

„Klar", erwiderte Peter.

„Heute weht nämlich haargenau der richtige Wind", sagte der Vater. „Drachenspezialisten wie wir warten nicht bis zum Herbst."

„Na, dann viel Spaß!" wünschte Frau Weber und lachte.

Auf der großen Wiese steckte der Vater einen Finger in den Mund und hielt ihn dann senkrecht in die Luft, um festzustellen, aus welcher Richtung der Wind kam. Dann wickelte er ein Stück von der Drachenschnur ab, gab Peter die Schnur in die Hand und warf den Drachen mit großem Schwung gegen den Wind in die Luft.

„Los, Peter, lauf!" Und Peter rannte los, so schnell er konnte, und der Drachen reckte seine Nase hoch und stieg rasch empor. Bald stand er hoch am Himmel und tanzte vergnügt hin und her.

„Schaut mal, der Peter läßt seinen Drachen steigen!" riefen die anderen Kinder, als sie den Drachen entdeckten. „Das wollen wir auch!"

Und es dauerte nicht lange, da tummelten sich siebzehn bunte Drachen am Himmel. Die meisten hatten so fröhliche Gesichter wie der Drachen vom Peter. Aber am allerfröhlichsten waren die Gesichter der Kinder unten auf der großen Wiese.

Ulf-Dieter Fricke

Ein Nachtgespräch

Gestern abend, ich war schon eingeschlafen, hörte ich wie im Traum, daß sich die fünf Finger meiner rechten Hand leise miteinander unterhielten. Der Daumen sagte gerade: „Ich bin ja doch der dickste und stärkste von uns. Deshalb müßt ihr mir gehorchen. Ohne mich könnt ihr ja sowieso nichts anfangen. Jedem von euch muß ich immer helfen, allein bringt keiner von euch etwas zuwege." Er spielte sich mächtig auf und kam sich sehr wichtig vor.

Nach einer Weile sagte der Zeigefinger: „Du magst der dickste sein, aber der klügste bin ich. Wenn es darum geht, den richtigen Weg zu zeigen, dann muß ich das tun. Auch in der Schule bin ich es, der dem Lehrer anzeigt, wenn ich etwas weiß. Und wenn ich später selbst einmal Lehrer bin, zeige ich den Kindern alles auf der schwarzen Wandtafel. Sogar beim Lesen kann ich helfen. Also bin ich der erste von uns, denn der klügste ist immer der erste."

Na, dachte ich mir, das sind ja tüchtige Angeber, blieb aber ganz still, denn ich wollte mal hören, was nun noch kommen würde.

Da sagte auch schon der Mittelfinger: „Papperlapapp, der größte bin nun einmal ich, da könnt ihr reden, soviel ihr wollt. Und der größte ist immer der Anführer."

Daumen und Zeigefinger brummten unwillig, denn das war ihnen gar nicht recht.

Da meldete sich aber schon der Ringfinger: „Seht euch doch einmal an! Und dann seht mich an! Der schönste von uns bin ich. Deshalb bin ich es auch, der den goldenen Ring trägt. Ich bin euer König."

Alle sahen nun spöttisch zum kleinen Finger hin, denn sie vermuteten, daß auch dieser nun etwas über seine Vorzüge sagen würde. Der blieb aber ganz still und bescheiden. Schließlich fragte ihn der Daumen: „He, du Knirps, wünschst du vielleicht auch noch etwas zu sagen?"

Da seufzte der kleine Finger und sprach dann leise: „Ich bin so klein und schwach, ich kann allein gar nichts. Aber ich denke, ein jeder von uns vermag nur wenig. Erst wenn wir alle zusammenhalten und gemeinsam anpacken, können wir etwas leisten. Erst dann sind wir eine richtige

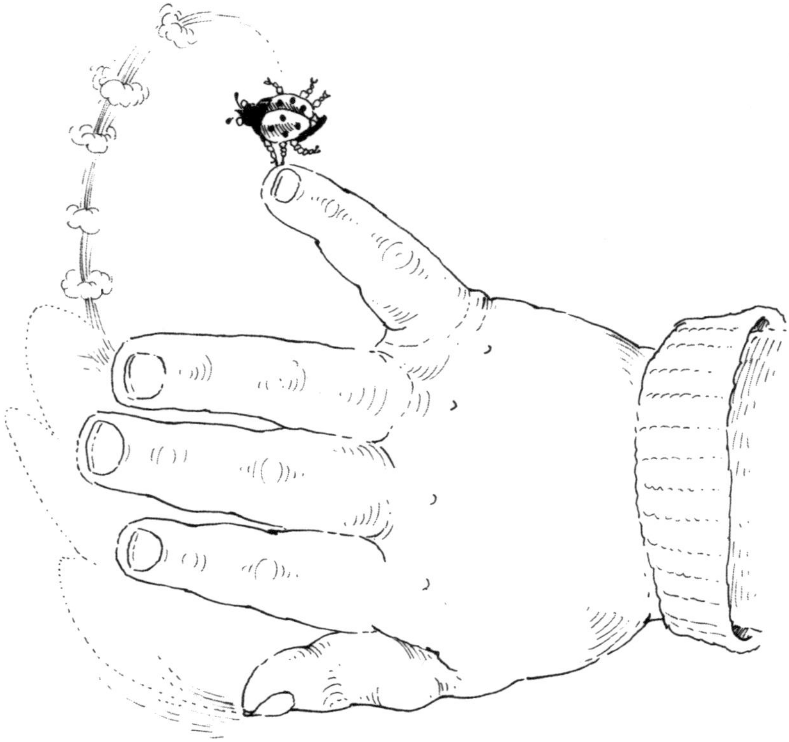

Hand. Und wenn dann noch die linke Hand mithilft, können wir alles machen, was wir nur wollen."

Da schwiegen die anderen Finger und schämten sich ihrer großen Worte.

Und ich dachte mir, daß der Kleine ganz recht hatte – und wie bei den Fingern ist es ja auch bei den Menschen. Dann drehte ich mich auf die andere Seite und schlief weiter.

Walter Haug

Wie Sommer und Winter ihre Rollen tauschten

Sommer und Winter trafen sich eines Tages beim Spazierengehen. Beide hatten zur Zeit keinen Dienst, denn es war Frühling im Land.

„Ach, wie beneide ich dich", sagte der Winter zum Sommer seufzend. „So gut wie du möchte ich es auch einmal haben. Es muß doch wunderbar sein, drei Monate lang die grüne Welt zu beobachten – die vielen schönen Blumen, die überall blühen, die grünen und saftigen Bäume und dann vor allem die glücklichen Menschen, die sich das ganze Jahr auf ihren wohlverdienten Sommerurlaub freuen. Und was sehe ich? Immer die gleiche trostlose Welt, keine Blumen, sondern nur kahle Bäume. Die Menschen sind auch nicht besonders gut zu erkennen, denn alle sind in dicke Mäntel und Mützen eingehüllt und sehen aus wie Mumien. Du kannst dir gar nicht vorstellen, wie traurig ich oft bin."

„So gut geht es mir nun auch wieder nicht", beklagte sich der Sommer. „Es wird mir schon langsam zu langweilig, die Menschen immer nur im Sommerkleid oder Badeanzug zu sehen. Ich würde zu gerne einmal eine Schneeflocke aus der Nähe betrachten. Und dann erst die vielen Schifahrer. Erzähl mir doch bitte noch einmal von den berühmten Wintersportorten und all den fröhlichen Schihaserln."

Der Winter berichtete geduldig von dem alljährlichen Schirummel, als ihm plötzlich eine Idee kam. „Weißt du was?" sagte er aufgeregt. „Wir tauschen einfach unsere Rollen. Du bringst in Zukunft den Menschen in drei Wintermonaten den Schnee, und ich seh' endlich mal eine grüne Welt."

Nachdem jeder dem anderen erklärt hatte, welche Aufgaben er erledigen mußte, gingen beide nach Hause und machten sich an die Arbeit.

Und wie sah es drei Monate danach aus? Der Winter trat total erschöpft vom vielen Schauen und Arbeiten den Heimweg an und wünschte sich nichts sehnlicher als ein paar Wochen zu schlafen. Außerdem hatte er mit dem unmöglichen Sommer ein Hühnchen zu rupfen. Warum hatte er ihm nicht gesagt, daß es gar nicht so romantisch ist, die endlosen Autoschlangen auf den Straßen Tag für Tag zu erleben. Na warte, der konnte sich auf was gefaßt machen.

Pünktlich zum Winteranfang am 21. Dezember machte er sich deshalb auf, den Sommer zu suchen. Doch wo war er? Er hätte schon am Morgen seinen Dienst antreten müssen. Der Winter konnte ja nicht ahnen, daß dieser entsetzliche Kerl vergessen hatte, seinen Wecker zu stellen. Es war schon fast Abend, als der Sommer aufwachte und mit Schrecken bemerkte, daß es auf der Welt noch immer Herbst war.

Nachdem jeder dem anderen dann ordentlich die Meinung gesagt hatte, sahen beide ein, daß es wohl besser war, wieder die alte Arbeit zu übernehmen. Seit dieser Zeit herrscht wieder Ordnung bei den Jahreszeiten. Der Sommer erfreut uns wieder mit Sonnenschein, und auch der Winter vergißt nie wieder, seinen Wecker zu stellen.

J. Huber

Warum Franz drei Frauen heiratete

Franz, der Hahn, liebte drei Hennen, aber konnte sich nicht entscheiden, welche er heiraten sollte.

Herta hatte die längsten Beine von allen Hühnern, und wenn sie im Sand scharrte, mußte er hinschauen.

Trude besaß das sauberste Nest im ganzen Hühnerstall, und bei ihr hatte sich Franz noch nie einen Floh geholt.

Emmy schmückte der schönste Hühnerkamm, den Franz je in seinem Leben gesehen hatte, und wenn sie aufgeregt gackerte, wurde er puterrot.

Wen sollte er heiraten?

Da hatte Franz eine Idee. Eines Morgens, als er auf dem Misthaufen stand, krähte er: „Wer mir zu meinem Geburtstag das schönste Ei legt, wird meine Frau."

War das eine Aufregung im Hühnerstall! Als wäre der Fuchs eingebrochen! Die Hühner gackerten und flatterten, schlugen wild mit den Flügeln, und zwei Hennen fielen in Ohnmacht und von der Hühnerstange.

Und dann war Geburtstag. Die Weidenkätzchen schauten neugierig zum Hühnerhof herüber, und der erste Huf-

lattich leuchtete wie eine kleine Sonne, als Franz mit Herta, Trude und Emmy die Hühnerleiter herunterstolzierte. Alle Hühner kamen hinterher.

Emmy fing als erste an zu gackern, dann Trude, und zum Schluß fiel Herta ein. Franz stand mit stolzgeschwellter Brust vor ihnen und schrie: Kikeriki!

Das war das Startzeichen zum Legen. Trude hockte sich hin, und ein Raunen ging durch die Hühnerschar. Ihr Gefieder plusterte sich, ihre Augen wurden groß und größer, ihre Schwanzfedern zitterten. Als sie aufstand, waren alle sprachlos. Ein solch makelloses schneeweißes Hühnerei, ohne jede Druckstelle, mit einer Schale so glatt wie geschliffener Marmor, hatten sie noch nie gesehen.

„Vollkommener geht es nicht!“ krähte Franz, und alle Hühner nickten.

Doch Emmy ließ sich nicht beirren. Sie drückte und druckste, daß ihr Hühnerkamm wie eine rote Lampe leuchtete. Als sie sich erhob, war es mäuschenstill, denn was die Hühner zu sehen bekamen, verschlug ihnen die Sprache. Ein braungesprenkeltes Ei lag vor ihnen, von solcher Größe, von solchem Gewicht und solchem Umfang, daß man glaubte, ein Vogel Strauß wäre zu Besuch gewesen.

„Größer geht es nicht!" krähte Franz, und alle Hühner nickten.

Und während sie noch nickten, hockte sich Herta hin, und alle Hühner bedauerten sie, denn ein vollkommeneres oder größeres Hühnerei konnte sie nicht legen. Es war undenkbar.

Herta gackerte kaum. Es war nicht ihre Art. Bescheiden erhob sie sich und trat zur Seite. Generationen von Hühnern erzählen noch heute davon. Vor ihnen lag ein viereckiges Ei. Jede Kante wie mit dem Lineal gezogen und gleich lang wie die andere. Jede Fläche gleich groß wie die gegenüberliegende.

„Phantastischer geht es nicht!" krähte Franz, und alle Hühner nickten.

Franz heiratete alle drei und wußte bis an sein Lebensende nicht, wen er lieber mochte, Trude, Emmy oder Herta.

Helme Heine

Der Frühling

Mit duftenden Veilchen komm ich gezogen,
auf holzbraunen Käfern komm ich gebrummt,
mit singenden Schwalben komm ich geflogen,
auf goldenen Bienen komm ich gesummt.
Jedermann fragt sich,
wie das geschah:
Auf einmal
bin ich
da!

Mascha Kaléko

Anne Anderswo

Eines Nachmittags kam Onkel Clemens zu Besuch. Anne freute sich sehr auf den Besuch, denn Onkel Clemens war Kapitän und meistens auf Reisen. Onkel Clemens brachte Anne ein schönes grünes Tuch mit goldenen Fäden mit. Das ist ein Sarong, sagte er, und dann zeigte er ihr, wie sie das Tuch um sich herumwickeln mußte, damit sie aussah wie eine Indonesierin.

Jetzt siehst du aus wie ein Mädchen aus Bali, nickte er schließlich zufrieden. Genauso laufen die dort herum.

So was haben die immer an? staunte Anne und sah an sich herab.

Na ja, meinte Onkel Clemens, das Tuch ist noch ein bißchen zu lang für dich, aber dafür paßt es dir dann auch später noch. Und das Grün ist genau das Grün, das ich für dich haben wollte.

Warum wolltest du ein grünes Tuch für mich haben? fragte Anne. Mami kauft mir immer blaue Sachen. Sie findet, das steht mir. Und ich find's auch.

Ich finde, Grün paßt gut zu dir, sagte Onkel Clemens, weil du auch so schöne grüne Augen hast.

Anne war sehr stolz, daß er das sagte.

Findest du? meinte sie.

Ja, wiederholte Onkel Clemens ernst, ich finde, du hast schöne grüne Augen, und deswegen habe ich überall herumgesucht, bis ich es gefunden habe, das grüne Tuch.

Und wenn du es nicht gefunden hättest, fragte Anne gespannt, hättest du dann doch ein blaues gekauft?

Nein, sagte Onkel Clemens, dann hätte ich anderswo gesucht.

Und wenn du es anderswo auch nicht gefunden hättest, meinte Anne, was hättest du dann gemacht?

Ich hätte es noch woanders gesucht, meinte Onkel Clemens, ich hätte es so lange gesucht, bis ich es gefunden hätte.

Und wenn du es aber überhaupt nirgends gefunden hättest, beharrte Anne.

Dann hätte ich es eben noch woanders gesucht, blieb der Onkel hart.

Und wenn du es aber überhaupt nirgends gefunden hättest?

Dann hätte ich trotzdem weitergesucht. Wenn man etwas will, dann muß man immer weitergehen und suchen, bis man es gefunden hat.

Anne sah den Onkel groß an.

Aber wenn man nirgends anderswo und überhaupt niemals findet, was man will. Was macht man denn dann?

Man muß trotzdem immer weitersuchen, sagte Onkel Clemens.

Anne schwieg eine kleine Weile.

Wenn du kein grünes Tuch gefunden hättest, dann hättest du mir also gar keins mitgebracht? Nicht mal ein blaues als Ersatz?

Wenn man etwas wirklich will, wiederholte Onkel Clemens, darf man sich nicht mit einem Ersatz zufriedengeben. Man muß dann eben anderswo hingehen.

Anderswo, sagte Anne. Ja, dann muß man anderswo hingehen. Bis man es hat. Und wenn man es dann hat . . .

dann muß man es hüten wie einen kostbaren Schatz, sagte Onkel Clemens.

Laura C. Feuerland

Die Wolkenschimmel

Die weißen Wolken, das sind Schimmel
die reiten mitten durch den Himmel.

Sie haben weiße Hosen an
und an den Hufen Watte dran.

Und wenn sie an den Zügeln rütteln
und ihre grauen Mähnen schütteln,

dann stieben viele Wassertropfen
die patschnaß auf die Erde klopfen.

Und wenn sie in den Ställen stehn,
kann unsereins spazierengehn.

Richard Bletschacher

Der 1. April

Im April geht es verrückt zu.

„Es regnet", sagt Pippa. „Die Sonne scheint! Es ist kalt und warm, und gleich wird es noch schneien."

Die Mama lacht.

„Nimm den Regenschirm mit", sagt sie, „die Pelzmütze, den Badeanzug und die Sonnenbrille."

„Aber ich will doch gar nicht weg", sagt Pippa.

„Du könntest mir was beim Bäcker holen!" Die Mama kramt in ihrem Geldbeutel.

„Was denn?" fragt Pippa.

„Pustekuchen", sagt die Mama. „Für zwei Mark."

„Wa-a-as?" will Pippa wissen, „Puste-kuchen?"

Das Wort hat sie noch nie gehört.

„Nun mach schon", sagt die Mama.

Da bleibt Pippa nichts übrig, als loszugehen.

„Es regnet, es regnet", singt sie, „die Sonne scheint hell."

Sie streichelt den Nachbarhund und läuft ein bißchen im Zickzack.

Von der Ecke ab zählt sie ihre Schritte, bis sie beim Bäcker ist.

„Na", fragt die Bäckersfrau, „Semmeln?"

Pippa schüttelt den Kopf.

„Pustekuchen", sagt sie. „Für zwei Mark."

Da guckt die Bäckersfrau ganz komisch.

„Für wen sollst du den denn holen?" will sie wissen.

„Für die Mama“, sagt Pippa und schiebt das Geld auf den Ladentisch.

Jetzt lacht die Frau.

„Deine Mama hat dich in den April geschickt“, sagt sie. „Hast du das nicht gemerkt?“

„Dann gibt es gar keinen Pustekuchen?“ sagt Pippa leise. „Ach“, meint sie dann, „das macht nichts!“

Zu Hause reicht sie der Mama die Tüte.

„Was hast du denn da drin?“ fragt die Mama. Ganz überrascht ist sie.

„Was denn wohl“, sagt Pippa. „Pustekuchen natürlich. Wollen wir ihn gleich essen?“

„Sicher“, sagt die Mama. „Was hast du denn gedacht?“

Sie packt die Nußhörnchen aus, und sie lassen es sich schmecken.

„Pustekuchen ist gut“, sagt Pippa, „nicht wahr?“

„Ja“, sagt die Mama mit vollem Mund, „ich hatte ganz vergessen, daß er so gut ist.“

„Das kommt, weil es ihn nur einmal im Jahr gibt“, sagt Pippa. Und sie kauen und grinsen sich an.

Gina Ruck-Pauquèt

Kaspers falscher Geburtstag

Kaspers Lieblingstag im ganzen Jahr war sein Geburtstag. Das ganze Jahr über ging er seiner guten Oma auf die Nerven und fragte mindestens einmal am Tag oder meistens fünfmal: „Bitte und wie lange und wie oft und wieviel Mal muß ich noch schlafen, liebe Oma, bis ich Geburtstag habe, oder hab' ich das schon gefragt?"

„Das hast du gestern schon elfmal gefragt und heute schon dreimal. Ich kaufe dir morgen einen Kalender, und den hängst du dir über das Bett, und dann kannst du selbst zählen, du dummer Junge."

Am Geburtstag nämlich bekam er von der lieben Oma einen Kuchen und von der lieben Gretel auch einen Kuchen und von der Tante Erni auch einen Kuchen, weil Kuchen seine Leibspeise war.

Also gut. Am nächsten Tag brachte die Oma ihm aus der Buchhandlung einen Kalender mit und machte auf dem Blatt, wo er Geburtstag hatte, einen roten Punkt.

„Jeden Tag, wenn du aufstehst", sagte sie, „mußt du ein Blatt abreißen. Und wenn du zählen könntest, könntest du auch die Tage bis zu deinem Geburtstag zählen. Aber du kannst ja nicht zählen."

Er konnte nämlich nicht zählen.

„Und wenn du lesen könntest, bräuchte ich keinen roten Punkt hinzumalen, weil du's dann lesen könntest, nämlich hier oben August. In der Mitte 19 und unten Montag."

Aber er konnte nicht lesen.

In den ersten drei Tagen saß der Kasper den ganzen Tag vor seinem Kalender und wartete, ob so ein Blatt vielleicht von allein abfiele. So wie die Blätter im Herbst von den Bäumen fallen. Dann hätte er sich einen Tag warten gespart.

Aber es fiel keines herunter.

In der Nacht versuchte er, besonders tief und fest zu schlafen, weil er meinte, er könne dadurch in einer Nacht den Schlaf von zwei Nächten schlafen und sich dadurch einen Tag warten ersparen.

Aber nein. Wenn er aufwachte, war wieder nur eine Nacht herum.

Er ging den ganzen Tag herum und überlegte, wie er besonders schlau die Zeit verkürzen könnte, denn bis zum roten Punkt waren es noch viele Kalenderblätter.

Und dann hatte er's!

Eines Tages stand er schon eine Stunde früher auf als die Oma; denn geheime Taten müssen im Morgengrauen getan werden. Und dann riß er alle Blätter säuberlich und einzeln herunter, denn die Oma hatte doch gesagt: „Wenn der Tag mit dem roten Punkt auf dem Kalender ist, dann hast du Geburtstag."

Riß sie also bis zum Tag mit dem roten Punkt ab, weckte die Oma und sagte, er habe heute Geburtstag.

Man kann sich denken, was war. Nämlich nichts. Die Oma hat's gemerkt. Weil sie selber auch einen Kalender hatte, und da stand es drauf.

Janosch

Hase Hallo

Der Hase Hallo hatte zwei Hasenohren – das linke ein wenig länger als das rechte. Er hatte vier Hasenpfoten – alle vier gleich lang. Und er hatte einen Hasenschwanz – so weich und weiß wie eine Wattekugel. Weder im Wald noch in den Feldern gab es einen Hasen, der so vergnügt war – und so bescheiden.

Doch eines Tages geschah etwas, das sein Leben änderte. Als die Sonne noch schräg stand, hockte Hallo hinter dem milchweißen Zaun des Bauern Weizenzopf – von der Sonne her gesehen. Und die Sonne und der Zaun malten rauchgraue Streifen auf sein braunes Hasenfell – wie sie Zebras und Tiger haben.

Da glaubte Hallo, daß er ein Hasentiger sei, und hoppelte in den Wald, um es allen zu erzählen.

„Hallo, hallo, hallo!" rief er dem ziegelroten Eichkätzchen zu. „Ich bin ein Hasentiger!"

Das Eichkätzchen schaute den neuen Hasentiger neugierig an. „Du siehst wie immer aus, Hallo", sagte es. „Wahrscheinlich hast du geträumt."

„Du bist nur neidisch", sagte Hasentiger. „Und Neid ist keine nette Eigenschaft."

Hasentiger wollte weiterhoppeln – doch der Weg war versperrt. Die Kreuzspinne hatte ihr Netz von einem Baum zum andern gespannt.

„Weg mit dem Gitter!" rief er. „Ich bin ein Hasentiger."

Wie ein Stein fiel die Spinne mit ihrem Spinnfaden hinab und verschwand unter einem Blatt.

„Sie hat Angst vor mir“, sagte Hasentiger.

Weil aber der Weg weiterhin versperrt blieb, hoppelte er zum Zaun des Bauern Weizenzopf – und bald hockte er wieder dahinter. Und wie er so dahockte, merkte er, daß ihm etwas fehlte. Wenn die Sonne im Mittag steht, malt sie keine Streifen auf ein Hasenfell.

„Wo sind meine Streifen geblieben?“ sagte Hasentiger. „Bestimmt hat die Spinne sie versteckt.“

Und Hasentiger hoppelte in den Wald, um seine Streifen von der Spinne zu holen.

„Hallo, hallo, hallo!“ rief er. „Wo sind meine Streifen?“

Der bunte Specht hörte auf, die Baumrinde nach Würmern abzuklopfen.

„Du hast sie verloren, Hallo“, sagte er.

„Gestohlen, gestohlen, gestohlen!“ antwortete das Echo, weil es ein ziemlich albernes Echo war.

„So ist es“, sagte Hasentiger. „Irgend jemand hat sie gestohlen.“ Und Hasentiger hoppelte tiefer in den Wald, um den Irgendjemand zu suchen. Schließlich fand er ihn. Schwarze Ameisen waren es, denn die Streifen lagen auf dem Ameisenhaufen.

„Ihr Räuberpack! Ihr hinterlistiges Diebsgesindel!“ rief er. „Gebt meine Streifen her.“

Da verschwand die Sonne hinter den Bäumen und nahm die Streifen mit.

Nachts träumte Hasentiger davon, daß er ein Tiger sei. Ein wilder Tiger im wilden Wald.

Am andern Tag kaufte der Bauer Weizenzopf einen Hund für seine Kinder, einen Hund mit struppigem schwarzem Fell. Den störte der Hase hinter dem Zaun. Er ging hin und bellte.

Erschrocken sprang Hasentiger hoch und hoppelte davon.

Den ganzen Tag hoppelte Hasentiger durch den Wald – kreuz und quer – und quer und kreuz.

Und als die Eule in ihrem Schlafbaum erwachte, fragte er: „Was kann ich gegen einen Hund mit struppigem schwarzem Fell tun, der mir meinen Platz wegnimmt?"

Die Eule zwinkerte und dachte nach.

„Gegen einen Hund mit struppigem schwarzem Fell kannst du überhaupt nichts tun", sagte sie schließlich. „Du hast ein weiches braunes Fell und hinten eine weiche weiße Wattekugel. Geh ihm einfach aus dem Weg."

Aber Hasentiger ging dem Hund nicht aus dem Weg. Er hoppelte geradewegs zu dem milchweißen Zaun des Bauern Weizenzopf und sah dem struppigen schwarzen Hund in die Augen – mit wildem Tigerblick. Und er brüllte ein wildes, gefährliches Tigergebrüll.

Da stand der struppige schwarze Hund starr vor Schreck.

„Bitte, tu mir nichts", sagte er. „Ich hab' doch nicht gewußt, daß du ein Tiger bist."

„Jetzt weißt du es", sagte Hasentiger.

Eva Marder

Doktor Schimmel und Fräulein Maus

„Der nächste, bitte“, sagt Tierarzt Doktor Schimmel.

Da hoppelt ein Hase herein und sagt: „Ich bin der Osterhase.“

„Ach, wie nett“, ruft seine Assistentin, Fräulein Maus.

Der Hase sagt zu Doktor Schimmel: „Darf ich Sie bitte unter vier Augen sprechen, ohne diese Dame?“

Doktor Schimmel schickt Fräulein Maus nach draußen und fragt: „Was haben Sie auf dem Herzen?“

Der Hase hat ein kleines Paket in den Pfoten. Irgendwas hat er in ein Salatblatt eingewickelt. Das gibt er Doktor Schimmel und wispert: „Es geht nämlich um das da.“

Doktor Schimmel wickelt das Salatblatt auseinander. Auf dem Blatt liegen ein paar kleine braune Kügelchen.

„So, so, darum geht es also“, sagt er, „soweit ich sehe, ist alles in Ordnung damit.“

„Eben nicht, Doktor“, wispert der Hase, „es müßten nämlich große Schokoladeneier sein und nicht diese kleinen Dinger da. Weil ich doch der Osterhase bin.“

„Machen Sie sich keine Gedanken“, sagt Doktor Schimmel, „Sie sind ein ganz gewöhnlicher Hase, das ist gar keine Schande. Was Sie mitgebracht haben, ist genau das, was gewöhnliche Hasen so machen. Wie kommen Sie nur darauf, daß Sie der Osterhase sind?“

Der Hase erzählt: „Es begann am letzten Sonntag. Ich

hatte mich in einen Garten geschlichen. Dort knabberte ich an den Salatspitzen. Neben mir lag unter einem Busch ein Nest mit großen Schokoladeneiern. Daraus mache ich mir nichts. Salat ist mir lieber. Darum habe ich es nicht weiter beachtet. Plötzlich kamen die Kinder. Ich blieb vor Schreck stocksteif sitzen, weil ich nicht mehr rechtzeitig ausreißen konnte. Die Kinder liefen überall umher. Zuerst fanden sie das Nest mit den Schokoladeneiern. Aber gleich danach fanden sie mich. Sie schrien immerzu: ‚Der Osterhase, der Osterhase, er hat diese tollen Eier gelegt.‘ Dabei hatte ich sie nicht gelegt, wirklich nicht."

„Ich weiß", sagt Doktor Schimmel, „und wie ging es weiter?"

Der Hase sagt: „Jetzt kam der große Mensch. Ich wußte nicht, wohin. Wenn wir fliehen, knallen große Men-

schen manchmal hinter uns her, das ist sehr gefährlich. Ich blieb also lieber unbeweglich sitzen. Der große Mensch sagte zu den Kindern: ‚Wenn das wirklich der Osterhase ist, dann wollen wir ihn nicht vertreiben. Dann darf er bei uns Salat knabbern, soviel er will.'"

„Aha", sagt Doktor Schimmel, „jetzt verstehe ich Sie. Sie möchten gern der Osterhase sein, um ungehindert so viel Salat zu knabbern, wie Sie wollen."

„Das ist es, Herr Doktor", sagt der Hase, „und seitdem übe ich. Denn als Osterhase muß ich natürlich Schokoladeneier legen. Aber immer kommt nur das hier."

Der Hase zeigt mit der Pfote auf die kleinen braunen Kügelchen.

Doktor Schimmel wiegt den Kopf hin und her.

Er sagt: „Wenn ich Ihnen einen guten Rat geben darf: Trauen Sie nie, wenn Menschen etwas versprechen. Heute haben sie Spaß am Osterhasen. Morgen verlangen sie einen Hasenbraten. Bleiben Sie ein normaler Hase wie bisher, und gehen Sie den Menschen aus dem Weg."

„Das ist ein guter Rat", sagt der Hase und hoppelt hinaus.

Doktor Schimmel ruft Fräulein Maus wieder herein und sagt: „Der Hase ist fort."

Fräulein Maus sagt: „Wie schade, daß es nicht der Osterhase war. Dann hätte er für mich Schokoladeneier legen können."

Margret Rettich

Des Nachts im Traum auf grünem Rasen
beschenken Paul die Osterhasen.
Zwei Eier legen sie gewandt
ihm auf den Arm und unter die Hand.
Am Himmel steht der Mond und denkt:
Ich werde nicht so schön beschenkt.

Christian Morgenstern

Hasenmanöver

Es war einmal ein Osterhase, der bekam eine Karte, und darauf stand: „Sie haben sich am Samstag um neun Uhr beim Militär zu einer vierwöchigen Übung zu melden."

„Ach Gott", sagte der Osterhase, „das paßt mir aber ganz schlecht, jetzt gerade vor Ostern. Das wird auch für die Kinder recht traurig sein, wenn ich gerade jetzt einrücken muß."

„Mir tut es auch leid", sagte der Briefträger und ging ein Waldhaus weiter. Er hatte noch viele Karten in seiner Mappe.

Der Osterhase hoppelte in sein Nest zurück und traf dort seine Frau beim Eierfärben. „Meine Liebe", sagte er, „leg den Pinsel weg, es hat keinen Sinn mehr, hier, lies die Karte."

„Aber, aber", meinte die Hasenfrau, „das geht doch nicht, nein, das geht überhaupt nicht, und wer hat schon jemals gehört, daß Hasen zum Militär eingezogen werden? Dazu sind wir doch viel zu furchtsam."

„Eben deshalb werden sie uns einziehen", sagte der Osterhase sinnend, „mit uns trauen sie sich's." Dumm war er nicht. Dann gab er seinem Hasenherzen einen Stoß und erklärte: „Ich werde so tun, als ob ich die Karte gar nicht bekommen hätte, und nicht in die Kaserne gehen, oder höchstens erst nach Ostern."

„Das tu du mal", meinte seine Frau und hatte eine Idee. „Paß auf", sagte sie, „ich habe vom Bäh-Schaf, weißt du, dem Schneeweißchen, noch ein bißchen Wolle, da stricke ich dir jetzt einen Overall, dann siehst du selber wie ein Bäh-Schaf aus, ein ganz kleines, und die Schafe, soviel ich weiß, werden noch gar nicht eingezogen. Außerdem ist das Lamm auch ein Ostertier."

„Kriege ich dann auch eine Fahne?" fragte der Osterhase, „Osterlämmer haben doch eine Fahne."

„Lieber nicht", sagte die Osterhasenfrau, „wir wissen nicht, welche Fahne gerade paßt, dazu fehlt uns die Übersicht." Sie begann sofort, einen schneeweißen Overall zu stricken, und vergaß auch nicht, einen hübschen kleinen runden Schafsschwanz aus Wolle daran zu flechten.

So kam es, daß am Ostersonntagmorgen im Garten der Kinder nicht der Osterhase mit einem Körbchen voll Eier auf dem Rücken erschien, sondern ein ganz kleines weißes Lamm. Das zog ein Wägelchen, und darin waren die Eier. Die Kinder wunderten sich ein bißchen, denn sie hatten natürlich einen Hasen erwartet, aber schließlich waren ihnen die Eier die Hauptsache. Sie gaben dem Schäfchen ein vierblättriges Kleeblatt zu fressen, und dann zog es mit seinem leeren Wägelchen wieder fort, ganz allein durch den großen Osterwald. Unterwegs begegnete ihm ein Wachtmeister von der Wolfspolizei, und der Osterhase fürchtete sich in seinem weißen Pelz so sehr, daß er zitternd anhielt. Denn er hatte gehört, daß die Wölfe ganz besonders gern Schafe fressen, und er wünschte, sofort wieder ein Hase zu sein. Aber was für ein Glück, daß er kein Hase war. Der Wolf in Uniform sagte: „Zittere doch nicht so, ich tu' dir nichts, ich bin im Dienst. Ich

suche den Osterhasen, er muß zum Militär, aber er drückt sich. Hast du ihn nicht gesehen?"

„Nein", piepste das falsche Lamm, und das Hasenherz pochte unter seinem falschen Fell, „ich habe ihn schon lange nicht gesehen, vielleicht ist er verreist."

So ging Ostern vorbei, und jetzt hätte der Osterhase sich endlich in der Kaserne melden müssen, aber er wollte nicht mehr. Es war im Wald viel schöner. Eines Abends, auf dem Wege zur jungen Saat, wo er zu Abend essen wollte, begegnete er einem anderen Wolf. Der Hase machte einen Satz und wollte sich verstecken, aber es war dafür schon zu spät. Da drückte er sich flach auf den Boden und erwartete, wegen Fahnenflucht verhaftet zu werden.

„Stell dich doch nicht so an", sagte der Wolf, „seit wann fressen Wölfe Hasen?"

Der Hase richtete sich langsam wieder auf und fragte: „Bist du nicht bei der Polizei?"

„Nein, mein Kleiner, ich bin ein freier Wolf", sagte der Wolf. „Aber hast du nicht ein ganz kleines Lamm mit einem Wägelchen gesehen? Man sagte mir, es soll hier ein ganz kleines schneeweißes Lamm geben, da hätte ich gerade Lust darauf."

„Nein, lieber Wolf", sagte der Hase, „dieses Lamm habe ich schon lange nicht mehr gesehen, vielleicht ist es verreist."

Dann eilte er nach Hause, küßte seine Frau herzlich und sagte: „Wirf nur ja unser Lammkleid nicht weg. Wenn ich immer richtig angezogen bin, können wir vielleicht doch zusammen alt werden."

Erich Kuby

Hans Knabberrabber

Hans Knabberrabber lag im Gras und träumte. Woher kommen die Wolken, und wohin fliegen sie? Wie werden die Mohrrüben rot in der schwarzen Erde?

Warum sieht ein Hase wie der andere aus?

„Ach", seufzte Hans Knabberrabber, „die Hasenohren sind lang, aber das Hasenleben ist kurz."

Und schon nagte die Frage in seinem Hasenkopf, die ihn am meisten beschäftigte: Wie werde ich berühmt?

„Wer berühmt ist, ist anders als die andern – also: wer anders ist als die andern, wird berühmt!“

So dachte Hans Knabberrabber in seinem Hasenhirn und beschloß, anders zu werden als die andern.

Am nächsten Morgen, als alle Hasen stumm ihre Mohrrüben zum Frühstück sammelten, pflückte er Pusteblumen. Dazu sang er laut.

„Verrückt“, mümmelten die andern Hasen und wunderten sich. „Hans Knabberrabber hat einen Rappel!“

Und sogleich behauptete er. „Ich kann schwimmen!“

Neugierig folgten ihm die Hasen zum Mühlteich. Langsam kletterte Hans auf das Mühlrad, richtete sich stolz auf und rief:

„Ich bin eine Ente!“

Dann sprang er los. Die Hasen hielten die Luft an:

Hans Knabberrabber plumpste in das Wasser wie ein Stein.

Natürlich konnte Hans kaum die Ohrenspitzen über Wasser halten. Aber eine Strömung trieb ihn ans Ufer, auch wenn er sich später nicht mehr daran erinnern konnte. Er hatte fünf Liter Wasser geschluckt – aber er war am Leben.

Im Triumphzug wurde „Hans, der schwimmende Hase“ zurückgetragen und wie ein Held gefeiert.

Und sogleich prahlte er: „Ich kann auch fliegen!“

Mit geschwellter Brust ging er auf den nächsten Baum zu.

Atemlos beobachteten die Hasen, wie er höher und höher kletterte. Oben hockte er sich auf einen dicken Ast,

ruderte wild mit den Armen und schrie: „Ich bin ein Uhu!“

Dann breitete er die Arme aus und sprang. Die Hasen schrien laut auf vor Schreck und schlugen entsetzt die Pfoten vor die Augen.

Wie erstarrt saßen sie da. Erst als sie Schritte hörten, wagten sie, zwischen den Pfoten hervorzublinzeln: Da stand Hans Knabberrabber ganz lebendig vor ihnen: „Er kann fliegen wie ein Vogel“, staunten sie. Daß Hans auf ein weiches Moospolster gefallen war, hatten sie nicht gesehen.

Mit Windeseile sprach sich im Hasenland herum, daß Hans ein besonderer Hase war, ein Hase, der schwimmen und fliegen konnte, ein Superhase.

Und wer wollte das nicht sein, ein Superhase? Wer wollte nicht schwimmen und fliegen können?

Viele machten es ihm nach.

Und so kam es, daß der Fischer sich über die ertrunkenen Hasen wunderte, die im Mühlteich trieben.

Der Förster wunderte sich über die Hasen, die mit gebrochenem Genick unter den Bäumen lagen. Und die Zeitungen berichteten über das seltsame Hasensterben.

Hans Knabberrabber war berühmt. Er machte sich einen dicken Knoten in jedes Ohr, damit ihn alle erkennen konnten. Was kümmerte es ihn, daß er nichts mehr hörte! Denn wer hört schon mit Knoten in den Ohren?

Das dachte sich auch der Fuchs. Am gleichen Abend noch holte er sich den berühmten Hans Knabberrabber – und er schmeckte ihm wie jeder andere Hase.

Ein Denkmal bauten ihm die Hasen in einem Park, auf grünem Rasen. Und auf dem Marmor steht geschrieben: Er konnte kopfstehen, schwimmen, fliegen!

Helme Heine

Welcher Gott ist der wahre Gott?

In einem Kaffeehaus in Indien sitzen Menschen aus aller Welt zusammen. Jeder sagt: Meine Religion ist die beste, mein Gott ist allein der wahre Gott. Da nimmt ein alter weiser Chinese das Wort. Er spricht davon, wie die Menschen über die Sonne denken:

Ein Mensch sagt:

Die Sonne geht jeden Abend hinter den Bergen meiner Insel zur Ruhe.

So ist das und nicht anders.

Dieser Mensch ist niemals von seiner Insel heruntergekommen.

Ein anderer sagt:

Die Sonne geht im Meer auf und im Meer wieder unter.

So ist das und nicht anders.

Dieser Mensch ist über die Meere gefahren.

Ein dritter sagt:

Die Sonne kreist nicht um die Erde, sondern die Erde kreist um die Sonne.

Dieser Mensch kennt die Lehre von den Gestirnen.

So sagt es jeder anders, je nachdem, wieviel er weiß, wieviel er gesehen hat.

Und der alte Chinese spricht: Genauso ist es mit Gott und den Menschen. Der eine Mensch weiß wenig von ihm. Er denkt nicht viel nach. Für ihn bedeutet Gott wenig. Ein anderer Mensch weiß mehr von Gott. Er denkt viel nach über Gott.

Für ihn ist Gott erhaben und groß. Für den aber, der am meisten von Gott weiß und der am tiefsten über ihn nachdenkt, ist Gott unendlich erhaben, voller Gnade und Liebe und Barmherzigkeit zu den Menschen.

Überall auf Erden ist diese Gnade Gottes zu finden, seine Liebe und seine Barmherzigkeit. Jeder Mensch auf der Welt kann diesen Gott finden, ganz gleich, wie er ihn nennt, ganz gleich, zu welcher Religion er gehört.

Nach diesen Worten schwiegen die Streitenden still, und keiner sagte mehr: Mein Gott ist allein der wahre Gott.

Leo Tolstoj

Liebe Nele – schlimmer Tim

Nele ist ein liebes Mädchen. Immer freundlich, immer ordentlich, sauber, höflich. Das sagen alle. Alle lieben Nele. Weil sie so freundlich, ordentlich, sauber und höflich ist. Die liebe Nele.

Und grad das hat Nele eines Tages satt. Bis obenhin. Immer lieb sein, immer die liebe Nele sein. Schluß damit. Und Nele beschließt, weg mit der lieben Nele, sie ist jetzt ein Bub. Ein schlimmer Bub. Der schlimme Tim. Einfach so.

Und gleich marschiert sie in die Küche und verkündet

ihrer Mutter: „Ich sag's dir lieber gleich, ich bin nicht mehr die Nele, ich bin der schlimme Tim."

„Aha!" sagt die Mutter zerstreut und werkelt im Abwaschbecken herum, „du hilfst mir doch Abtrocknen, wie?"

„Kann ich machen", murmelt Nele. Obwohl sie nicht sicher ist, ob der schlimme Tim abtrocknen mag, greift sie zum Handtuch. Trocknet einen Teller ab, trocknet den zweiten Teller ab. Der dritte, der rutscht ihr aus der Hand und fliegt auf den Boden. Da liegt er, in vielen Scherben. Das ist ihr noch nie passiert.

„Nele", schreit die Mutter und schaut verdutzt.

„Das war ich nicht", ruft Nele schnell, „das war der schlimme Tim!"

„Aha", sagt die Mutter, guckt auf die Scherben, guckt auf Nele und sagt dann: „Nele, ich trockne selber ab, geh du mal spielen."

Nele schmeißt das Handtuch auf den Tisch und marschiert ab. In ihr Zimmer. Und da freut sie sich erst mal. Schlimmer Tim, das ist ja prima. Kein Abtrocknen mehr, Buben können das halt nicht, und schlimme Tims schon gar nicht. Und Nele fängt an, in ihrem Zimmer herumzutoben. Spielen? Ha! Lärm macht sie jetzt, und wie.

Erst poltert der Bauklötzekorb auf den Boden, dann scheppert der Legosteinkasten hinterher, dann schiebt sie sich die Trillerpfeife in den Mund und pfeift in den höchsten Tönen.

„Nele", ruft die Mutter entsetzt aus der Küche.

„Das bin ich nicht", brüllt Nele zurück und läßt dabei

die Pfeife aus dem Mund fallen, „das ist der schlimme Tim!“

Und dann zieht sie sich splitternackt aus, verstreut ihre Kleider auf dem Boden und hüpft ins Badezimmer. Dort dreht sie den Badewasserhahn gewaltig auf, dazu die Dusche, springt in die Wanne und plätschert, daß das Wasser über den Badewannenrand schwappt. Dazu kreischt sie: „Schööööön ist es doch, der Tim zu sein, schööön ist es doch, der Tim zu sein.“ Und im Takt schwenkt sie den Duschgriff, daß der Badezimmerboden bald unter Wasser steht.

„Nele“, ruft die Mutter und kommt ins Badezimmer gerannt. „Nele!“ und entsetzt schlägt sie die Hände überm Kopf zusammen.

„Das bin ich nicht“, sagt Nele rasch und schwenkt kurz den Duschgriff in Richtung Mutter, „das ist der schlimme Tim!“

„Was ist denn bloß in dich gefahren, Kind!“ Die Mutter dreht entschlossen die Dusche ab. „Der schlimme Tim“, sagt Nele vergnügt und steigt aus der Badewanne.

„Aber den mag ich nicht“, sagt die Mutter, setzt sich auf den nassen Badewannenrand und zieht die klitschnasse Nele auf ihren Schoß: „Ich mag meine liebe Nele wiederhaben.“ Und sie drückt einen Kuß in Neles Haar.

Erst macht Nele nur „hm-hm“ und überlegt ein Weilchen, und dann, dann schmiegt sie sich an ihre Mutter und flüstert ihr ins Ohr:

„Weißt du was, wir machen halbe-halbe. Ein bißchen liebe Nele, ein bißchen schlimmer Tim, ja?“

Nun überlegt die Mutter ein Weilchen, aber dann sagt sie entschlossen: „Einverstanden, abgemacht“, und fängt an, die Nele abzutrocknen. Und weil sie das so lieb und sanft macht, denkt Nele bei sich: „Also gut, jetzt bin ich wieder Nele – aber morgen? Mal sehn ...“

Gudrun Mebs

Wiese, grüne Wiese

Auf einem Maulwurfshügel
Da sitzt ein Käfermann.
Er lupft die bunten Flügel
Und schaut die Landschaft an.
Sieht Hälmelein an Hälmelein,
Wo könnt es, denkt er, hübscher sein?
Wiese, grüne Wiese.

Pechnelken stehen vorne.
Das Wiesenschaumkraut blüht.
Die blauen Rittersporne
Sind noch mit Tau besprüht.
Des Käfers kleines Herz wird weit
Von ungemeiner Heiterkeit.
Wiese, grüne Wiese.

Peter Hacks

Lieben heißt loslassen können

Vater hatte nicht viele Grundsätze, aber einer seiner wenigen war, daß man nett sein müsse zu Tieren. Er war nie übertrieben freundlich zu ihnen, und die Tiere gaben sich eigentlich auch keine besondere Mühe; es war mehr eine Art gegenseitigen Geltenlassens: Die Tiere und Vater maßen sich mit skeptischen Blicken, zuckten die Schulter und gaben zu erkennen, man könne es ja einmal miteinander versuchen.

Das erste Tier, das Vater mir schenkte, ist ein Laubfrosch gewesen, der Theodor hieß. Theo war nackt und hellgrün, und räusperte sich jemand im Zimmer, dann quakte er, und das klang, als würden in einem Blechsieb Erbsen durcheinandergeschüttelt.

Ich mochte Theo sehr gern, er war so wunderbar glatt, und vor allem konnte er mit Hilfe seiner Saugnäpfe an der Scheibe kleben, fester noch als ein Kaugummi.

Einmal hatte ich Angst, weil Vater abends nicht kam; da nahm ich das Einmachglas, in dem Theo saß, mit ins Bett, um Gesellschaft zu haben. Am Morgen darauf war Theo erstickt. Es hat lange gedauert, ehe ich wieder einem Frosch in die Augen sehen konnte, ohne zu schlucken.

Kaum jedoch war der Trauermonat für Theo um, da kam Vater mit einem Igel nach Hause. Wir nannten ihn Herr Kuwalek, und er wohnte im untersten Fach von Vaters Schreibtisch, zu dem ein schräggestelltes Hackbrett hinaufführte.

Herr Kuwalek aß Mistkäfer, Cremeschokolade, Schuhwichse, Gulasch, Briefmarken, Küchenschaben, entkernte Pflaumen, weiße Mäuse und einmal auch einen großen Radiergummi.

Daß Herr Kuwalek Flöhe hatte, merkten wir erst verhältnismäßig spät. Sofort bereiteten wir eine milde Lysol-Lauge zu; in der ließen wir Herrn Kuwalek dann schwimmen. Das Gesicht, das er hierbei machte, vergesse ich nie.

Bis dahin war er eigentlich leidlich gut auf uns zu sprechen gewesen, doch von nun an würdigte uns Herr Kuwalek, obwohl doch all seiner Flöhe entledigt, auch nicht

mehr des flüchtigsten Blicks. Diese Lysol-Laugen-Affäre hatte sein Vertrauen zu uns endgültig erschüttert. Was blieb uns übrig, als ihn wieder hinaus an seinen Feldrain zu bringen? Wir mochten uns nicht über etwas amüsieren, das sich nicht auch amüsierte.

Eines Morgens war in der Küche die Wurst angeknabbert. „Aha“, sagte Vater.

Wir liehen uns eine Käfigfalle und legten eine Speckgriebe rein, und schon am nächsten Vormittag hatte sich die Übeltäterin gefangen. Es war die zierlichste Maus, die sich nur vorstellen läßt. Wir tauften sie Mimi, und da wir gerade das Terrarium frei hatten, richteten wir es Mimi mit Sägespänen, einer Zigarrenkiste, mit Milch und einem Brotkanten ein. In wenigen Wochen hatte sich Mimi zum größten Mäuseriesen aller Zeiten entwickelt; und abermals einige Wochen darauf mußten wir zögernd erkennen: Mimi war keine Maus, sondern eine ausgewachsene Ratte. Wir hielten ihr aber trotzdem die Treue.

Und wäre sie nicht eines Nachts mit einem reichlich ordinären Pfiff aus dem Terrarium gesprungen, wir hätten sie bis ins hohe Alter umsorgt. „Aber wahrscheinlich“, sagte Vater, „ist gerade das der Anlaß gewesen, daß sie sich selbständig machte. In seiner Jugend schon der Altersversorgung sicher zu sein – das kann leicht aufsässig machen.“

Da war Heinrich ja anders. Heinrich stammte aus dem Oranke-See und ist ein Stichling gewesen. Wir hatten ihn gute anderthalb Jahre, und er war schließlich so zahm, daß man nur an die Aquariumscheibe zu klopfen brauchte, und er kam angeschwommen. Einmal setzte ihm Vater eine Stichlingsdame dazu, die wir Lukretia tauften. Heinrich war so außer sich vor Freude über Lukretias Besuch, daß er wie wahnsinnig im Bassin hin und her schoß und einen Satz tat und raussprang. Wir suchten ihn fast eine Dreiviertelstunde im Zimmer. Endlich fanden wir ihn. Er lag, völlig in Staub eingerollt, in einer Dielenritze und rührte sich nicht. Vater machte gleich eine Streichholzschachtel leer und wollte Heinrich hineinlegen und ihn beisetzen gehen. Aber ich bestand darauf, ihn, sozusagen probehalber, noch einmal ins Aquarium zu setzen. Und richtig: Heinrich entwölkte sich, drehte sich von der Rücken- in die Bauchlage um, schnappte zögernd nach Luft, und ließ sich selig neben Lukretia auf den Sandboden sinken.

Aus Dankbarkeit für seine Errettung haben wir den beiden noch am selben Tag die Freiheit wiedergegeben. Nein, es fiel uns nicht leicht, uns von Heinrich zu trennen. Aber Vater hatte sicherlich recht: Je inniger man sich mit etwas verbunden fühle, behauptete er, desto freudiger müsse man es auch übers Herz bringen, sich von ihm zu trennen. „Lieben", sagte Vater, „heißt loslassen können; ob es sich dabei um Heinriche handelt oder Lukretien."

Wolfdietrich Schnurre

Zum Muttertag

Wir wären nie gewaschen
und meistens nicht gekämmt,
die Strümpfe hätten Löcher,
und schmutzig wär das Hemd,
wir äßen Fisch mit Honig
und Blumenkohl mit Zimt,
wenn du nicht täglich sorgtest,
daß alles klappt und stimmt.
Wir hätten nasse Füße
und Zähne schwarz wie Ruß
und bis zu beiden Ohren
die Haut voll Pflaumenmus.
Wir könnten auch nicht schlafen,
wenn du nicht noch mal kämst
und uns, bevor wir träumen,
in deine Arme nähmst.
Und trotzdem! Sind wir alle
auch manchmal eine Last:
Was wärst du ohne Kinder?
Sei froh, daß du uns hast!

Eva Rechlin

Fürwitz, der Troll

Kennt ihr Trolle?

Gesehen habt ihr bestimmt noch keine, aber das heißt ja nicht, daß es sie nicht gibt. Sie schlafen am Tag unter dem Waldboden, nur ihre grünen Haare schauen noch heraus und die kennt ihr schon, denn sie sehen aus wie Moos.

Abends, wenn es stockdunkel ist, wagen sie sich aus ihren Löchern, die kleinen, ein Fuß hohen Trolle mit den großen Köpfen. Auf ihren kurzen Beinchen wackeln sie dann durch den Wald, essen Pilze, weichen dem Mondlicht aus, ziehen sich gegenseitig an den grünen Haaren und kichern viel, aber so leise, daß wir es nicht hören können. Vor dem Morgengrauen verschwindet jeder wieder an seinen gewohnten Platz unter der Erde.

Einer von diesen Trollen, ein ganz besonders vorwitziger, war einmal so weit von seinem Schlafplatz weggelaufen, daß er ihn vor Tagesanbruch nicht mehr erreichte. So mußte er auf dem Ast bleiben, auf dem er gerade saß. Denn das ist Trollgesetz: Um auf keinen Fall von Menschen gesehen zu werden, darf sich der Troll, der seinen Platz nicht rechtzeitig erreicht, nicht mehr von der Stelle bewegen. Fürwitz, unser Troll, saß nun also ängstlich und neugierig auf dem untersten Ast einer alten Eiche inmitten einer Lichtung. Erstaunt sah er zum erstenmal in seinem Leben die Sonne aufgehen, und er blinzelte, weil ihn die ungewohnte Helligkeit arg blendete.

Nie vorher hatte er Farben gesehen, nie ein Menschenkind, nie so viele Vögel zwitschern hören. Mit offenem Mund saß er verzückt auf seinem Ast und wäre fast heruntergefallen, wenn er nicht mit seinem großen Kopf hängengeblieben wäre.

Über der Lichtung tanzten die Nebelelfen so grazil und schön, daß es dem kleinen Troll ganz warm ums Herz wurde. Er war recht unglücklich, daß er sich nicht bewegen durfte auf seinem Ast, um sich den verschleierten Elflein bemerkbar zu machen. Aber er hielt tapfer still.

Als die Elfen verschwanden, war er ganz traurig, doch der helle, warme Sonnenschein und die vielen neuen Dinge um ihn herum trösteten ihn. Mittags schlief er vor lauter Schauen und Staunen sogar ein.

Erst am späten Nachmittag erwachte er, und das Herz hüpfte ihm vor Freude, denn die zarten Elfen tanzten wieder auf der Wiese. Bis es dunkel wurde, sah er ihrem Treiben begeistert zu. Nun erwachten seine Freunde vom Tagschlaf und scharten sich ganz neugierig um Fürwitz.

Stolz erzählte er ihnen, die sich noch nie verspätet hatten, die Geschichte von den Nebelelfen und dem veränderten Aussehen, das der Wald durch den „Tagmond“ bekam – so nannte Fürwitz die Sonne.

In dieser und den folgenden Nächten war keiner seiner Freunde zur rechten Zeit an seinem Platz. Alle waren sie auf Bäumen verteilt, um die Elfen und die wunderbare Buntheit des Waldes nur ja gut sehen zu können.

Aber selbst Fürwitz war das Stillsitzen nach einer Woche zu viel, und so freute er sich doch wieder auf das

Herumtollen bei Nacht, wo er keine Angst haben mußte, daß ein Mensch sein grünes Haar umherfliegen sah.

Trotzdem steigen Fürwitz und die anderen Trolle immer wieder einmal auf Bäume zum „Elfenschauen", wie sie es nennen. Dabei haben sie schon ihre Lieblingsbäume, und wenn ihr genau beobachtet, könnt ihr auch die Bäume entdecken, auf denen Trolle sitzen. Manchmal haben sie sich an den Stamm gelehnt, und manchmal seht ihr ihre grünen Haarbüschel an den Ästen. Wie ihre Haare aussehen, wißt ihr ja, etwa so wie Moos.

Christine Bartmann

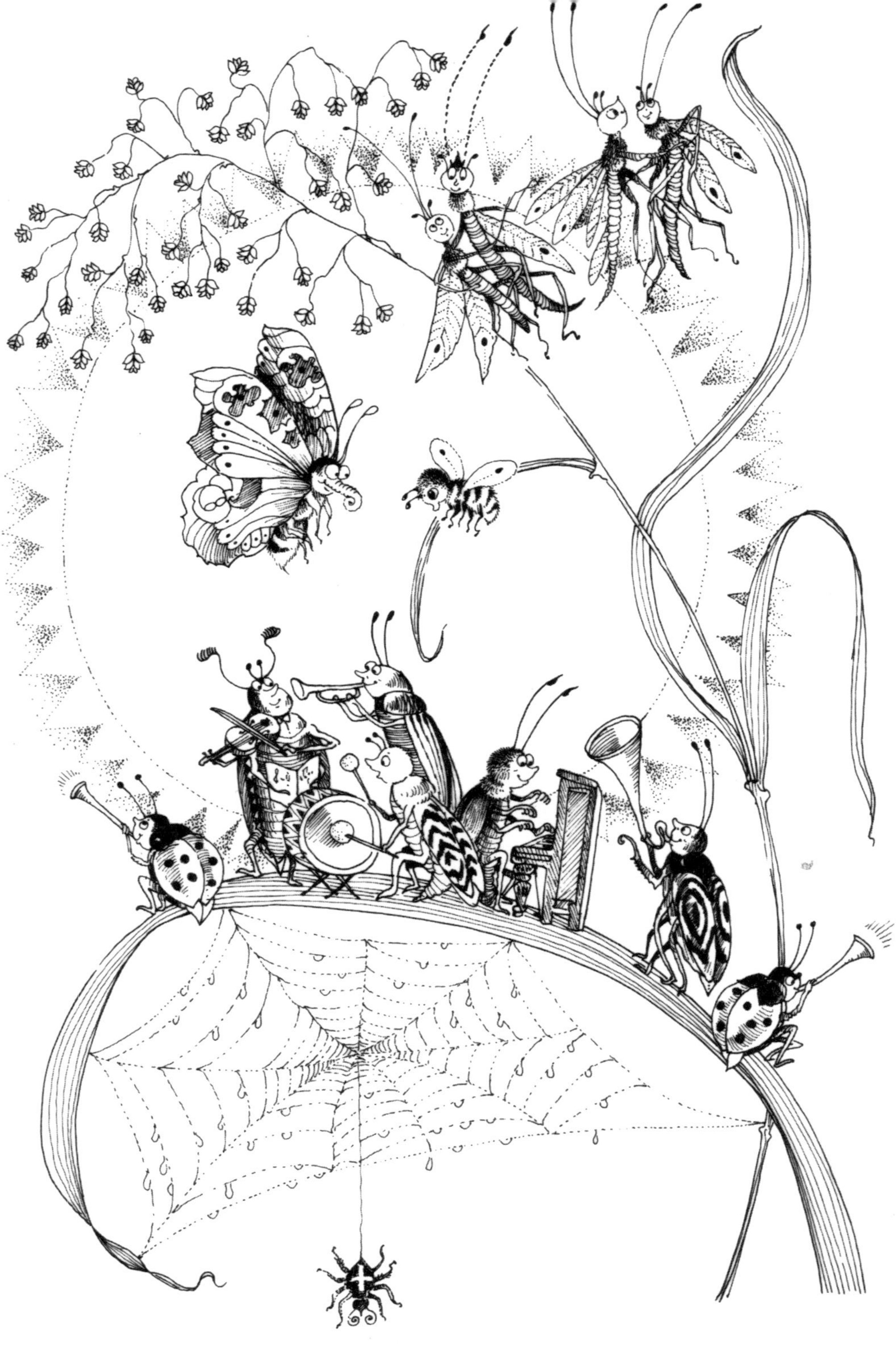

Durch einen weiten Himmel geht die Sonne, groß und ungeheuer

Der Sommer

Ich bin der Sommer. In erbsgrünen Hosen,
kirschrotem Wams zieh ich lustig einher.
Heb ich den Finger, blühen die Rosen.
Heb ich die Hand, rauscht die Welle im Meer.
Spiel ich die Flöte, tanzt der Delphin,
duftet's nach Wiesengrund und nach Jasmin.

Mascha Kaléko

Die Sonnenblume

Überall in der Straße blühten Sonnenblumen. Eine so gelb wie die andere. Doch Anja blieb bei einer ganz bestimmten stehen. „Das ist meine Sonnenblume", sagte sie. „Die große hinter dem kleinen Pfosten."

„Du spinnst", stellte Markus fest. „Sie gehört dem Mann, dem der Garten gehört. Einem dünnen Mann ohne Haare."

„Das kann sein", sagte Anja, „aber es ist trotzdem meine Sonnenblume."

Anja kannte die Sonnenblume seit Ewigkeiten. Schon als grüne Knospe aus dicken Igelblättern, die jede Spur Gelb verdeckten.

Jeden Tag war sie an dem Vorgarten vorbeigegangen, und immer wieder sah die Sonnenblume ein bißchen anders aus. Der Stengel wuchs und die Knospe. Dann gingen die grünen Igelblätter ein wenig auseinander, und ein paar gelbe Blütenblätter schauten heraus. Noch etwas später war zwischen dem Gelb eine Winzigkeit Braun. Seit einer Woche war die Sonnenblume fertig: eine große gelbe Blüte mit einem dunkelbraunen Kreis in der Mitte. Die grünen Igelblätter waren nach hinten gerutscht.

Wer eine Sonnenblume so gut kennt, dem gehört sie auf eine ganz bestimmte Art.

Und da stand Markus und wollte Anja einreden, daß sie irgendeinem Mann gehörte. Nur weil sie zufällig in seinem Garten wuchs.

„Er kommt“, sagte Markus.

„Wer?“

„Der Mann ohne Haare. Und ich weiß auch, warum.“

Eigentlich sah der Mann recht freundlich aus, aber er hatte eine Gartenschere in der Hand. Und er ging auf den kleinen Pfosten zu, wo Anjas Sonnenblume stand.

„Nein!“ rief Anja. „Nicht abschneiden!“

„Nicht?“ fragte der Mann. „Warum denn nicht?“

„Weil es meine Sonnenblume ist“, sagte Anja. Ob der Mann das verstand? Ob irgend jemand es verstand? Nicht einmal Markus hatte es begriffen.

„Willst du sie haben?“ fragte der Mann und lächelte. Anja schüttelte den Kopf. „Bloß anschauen will ich sie. Ich schau sie jeden Tag an. Ganz lange schon.“

„Dann gehört sie dir mehr als mir“, sagte der Mann

nach einer Pause. „Ich schenk sie dir. Jetzt ist es deine Sonnenblume ganz und gar."

„Das ist sie schon immer", sagte Anja. „Und wenn sie später verwelkt, freu ich mich auf nächstes Jahr."

„Meinst du, du kennst sie wieder?"

„Ich werde doch meine Sonnenblume kennen", sagte Anja. „Sie steht eine Handbreit hinter dem kleinen Pfosten, und sie gehört mir ganz und gar."

Der Mann sah ein wenig nachdenklich aus. Da hatte er sein Leben lang geglaubt, daß er viele Dinge wußte. Aber so sicher wie Anja hatte er nie etwas gewußt.

„Kann ich dir noch etwas anderes schenken?" fragte er. „Ein Buch vielleicht oder ein Bild?"

„Nein", entgegnete Anja. „Aber Sie können Markus sagen, daß es schon immer meine Sonnenblume war."

Eva Marder

Handschuhe für Mama

Die selbstgestrickten Handschuhe von Karola und Klaus waren eigentlich als Weihnachtsgeschenk für Mama gedacht. Inzwischen aber stand der Muttertag vor der Tür.

„Im Sommer ist es auch manchmal kalt", meinte Karola. „Wir schenken sie eben zum Muttertag."

Jeder hatte einen Handschuh gestrickt. Jeder für sich.

Klaus hatte das Stricken von seiner Schwester gelernt. In den Ferien, als es wochenlang geregnet hatte.

Als sie nun beide Handschuhe nebeneinanderlegten, sahen sie, daß der von Klaus fast doppelt so groß war. Er reichte Mama sicher bis zum Ellenbogen. Und den Daumen hatte er vergessen. Karolas Handschuh sah dagegen eher winzig aus. Aber er hatte einen Daumen.

Klaus lachte, bis ihm die Tränen herunterliefen. „Wir packen sie besser getrennt ein", schlug Karola vor.

Am Muttertag lagen dann zwei Päckchen neben Mamas Kuchenteller, von ganz unterschiedlicher Größe. Mama war sehr gespannt. Sosehr sie sich auch den Kopf zerbrach, den Inhalt konnte sie nicht erraten. Wie war sie überrascht, als sie die beiden Handschuhe sah.

„Selbstgestrickt!" rief sie erfreut. „Das hätte ich euch gar nicht zugetraut." Probieren wollte Mama die Handschuhe erst später.

„Kommt mal alle ins Bad", rief sie nach dem Frühstück.

Da hingen nebeneinander an der Wand die ungleichen Handschuhe.

Der große prall gefüllt mit Mamas Lockenwicklern, und aus dem kleinen spitzten Kamm und Haarbürste. Mama hatte eben doch die besten Einfälle.

Violanta Würth

Löwenzahnschmerzen

Den Löwenzahn, den Armen,
quält Zahnweh zum Erbarmen.
Ach, lieber Doktor Seidelbast,
sag mir, ob du ein Mittel hast.

Dem Zahn hilft keine Medizin,
den muß man samt der Wurzel ziehn.
Herr Doktor, nein, das geht nicht an.
Ich hab ja nur den einen Zahn.

So wahr mein Name Seidelbast,
solang du diesen Zahn da hast,
bleibst du ein sterbenskranker Wicht
mit rotgeschwollenem Gesicht.

Dann fahr ich mit dem Schneckendampfer
zum Apotheker Sauerampfer.
Der kann dir auch nichts andres sagen.
Der Zahn muß raus, da hilft kein Klagen.

Die Schmerzen sind mir gar zu groß!
Ich reiße ihn dir kostenlos.
Ich brauche nämlich deinen Zahn
für meine neue Zahnradbahn.

Richard Bletschacher

Von der Güte

Einst ging die Güte frohgelaunt über Wiesen und Felder. Überall war Sonnenschein, und die Güte summte leise vor sich hin. Da schob sich auf einmal eine Wolke vor die Sonne. Schatten breiteten sich aus, und die Güte erschrak.

Mitten auf dem Weg hockte eine dürre knochige Gestalt, in schwarze Tücher gehüllt. Eine grünliche Fratze starrte durch wilde Haarsträhnen, und spitzige Zähne ragten aus dem faltigen Mund.

„Was trampelst du hier herum und schreist so durch die Gegend“, keifte das Weib. „Eine alte Frau wie ich hat ihre Ruhe verdient!“

„Verzeiht, Frau Bosheit“, sagte die Güte, raffte ihr weites leichtes Gewand zusammen und zwängte sich abseits des Weges durch die Dornen. Dabei blieb ein Stück ihres schönen Kleides im Gestrüpp hängen.

Bald darauf sah sie die Dummheit auf einem Bücherstapel am Wegrand sitzen. Ihr riesiges Gesäß quoll links und rechts über die dicken Bände, während der bleiche kleine Kopf sich regelmäßig über einem aufgeschlagenen Buche hin und her bewegte. Die Güte mußte lächeln, denn sie sah, daß das Buch verkehrt herum in den weichen, schwammigen Händen lag.

„Ah“, rief die Dummheit, als sie die Güte erspähte, „komm her und leiste mir Gesellschaft!“

Schrecklich sah es aus, wie der große Mund sich in dem kleinen Gesicht ausdehnte. Deshalb fürchtete sich die Güte und wollte schleunigst ihren Weg fortsetzen. Da griff die Dummheit mit täppischem Lachen nach ihr, erwischte sie am Kleide – und die Güte mußte wieder ein Stück davon zurücklassen.

Dennoch ging sie gut gelaunt weiter ihres Weges und kam an einen wunderschönen Teich. An dessen Ufer kniete eine Frau und sah hinunter auf den Wasserspiegel. Während sie immer wieder durch ihr langes Haar strich, murmelte sie:

„Ach, wie bin ich schön – wie bin ich schön."

Aha, die Eitelkeit, dachte die Güte und wollte schnell vorüber. Aber die andere hatte sie schon erspäht und rief:

„Ei, was hast du für ein wunderbares Kleid, gib mir ein Stück davon. Es wird mich noch schöner machen." Und sie griff nach der Güte, die sich zur Flucht wandte – und wieder war ein Teil des Kleides verloren.

Nun trug die Güte nur noch ein paar Fetzen auf dem Leib, aber sie war damit zufrieden, denn es war ein sehr kostbares Gewebe.

Als es dem Abend zuging, stieg sie auf einen Hügel, um den Sonnenuntergang zu genießen. Aber oben angelangt, fand sie zwei hohe Steinwälle errichtet. Hinter dem einen saß zusammengekauert auf einer schweren Kiste der Geiz und ließ seine Äuglein argwöhnisch umherwandern. Hinter dem anderen Wall aber lauerte der Neid mit hervorquellenden Augen, und seine schmutzige Haut hing in Falten um den dürren Hals.

Der Geiz hob sein fettes Gesicht über den Rand des Walles und rief der Güte entgegen:

„Willst du was, oder bringst du was?"

„Ich . . . ich will nichts", antwortete die Güte überrascht.

„Und was bringst du?" keifte der Geiz weiter.

Da streifte die Güte wortlos die Reste ihres Gewandes ab und war sehr traurig.

Als nun der Geiz mit zitternden Fingern nach dem feinen Stoff griff, da fuhr der Neid wie ein geifernder Hund aus seinem Versteck; tief grub er seine Krallen in das Gewebe, zerfetzte es und trat es wütend in den Schmutz.

Die Güte aber, da sie nun völlig nackt war, schämte sich und verbarg sich in der Dunkelheit.

So kommt es, daß sie heute, wenn sie sich zeigt, meist einen fremden Mantel trägt – manchmal auch den der Grobheit.

Hermann Schwenk

Durst!

„Durst", sagt der vierjährige Pedro und zieht seine Mutter am Rock. „Ich hab' Durst."

„Du weißt doch, daß der Wasserwagen erst später kommt", gibt die ihm mürrisch zurück. Pedro, seine Mutter und die vier Geschwister wohnen am Rand einer großen Stadt in Südamerika.

Und wie schon so oft, so ist auch gerade jetzt wieder

einmal die alte Leitung gebrochen, in der das Wasser herüberkommt in das ärmliche Hüttenviertel.

Einfach durchgerostet ist die Leitung, und es kann Tage dauern, bis die Männer das Leck gefunden und ausgebessert haben. So lange kommt einmal am Tag der Wasserwagen ins Viertel, und jede Familie kann sich einen Topf voll Wasser zapfen. Ein Topf voll Wasser ist nicht viel – wenn es heiß ist und wenn, wie bei Pedro, fünf Leute damit einen ganzen Tag lang auskommen sollen, das heißt: trinken und kochen müssen.

Und jetzt, am Morgen, einige Stunden bevor der Wasserwagen wieder kommt, ist der große Topf ratzeputz leer. Nicht ein einziger Tropfen ist übrig. Also heißt es warten. Pedro zieht weinerlich die Nase hoch und ballt die Fäuste in den zerrissenen Hosentaschen. Dann setzt er sich vor die Hütte und zieht mit den nackten Zehen kleine Kreise in den Staub, lauter kleine Kreise.

Gar nicht weit weg von Pedro hat ein anderer Junge Durst: der kleine Miguel, was auf deutsch soviel heißt wie Michael. Doch da, wo der Michael was zum Trinken haben will, sieht die Welt anders aus. Er ist nämlich gerade im Golfclub, der hinter einem hohen Zaun und dichten Hecken verborgen liegt und in dem die Reichen der großen Stadt ihre Freizeit verbringen.

Hier gibt es Wasser genug – im Schwimmbecken und zum Bespritzen der weiten, saftig grünen Wiesen. Der Michael mag allerdings gar kein Wasser, sondern nur Limonade. Er läuft deshalb hinüber zur Theke des Club-Restaurants, um sich eine zu holen. Da kommt er bei seiner

Mutter aber schlecht an: „Wie oft habe ich dir schon gesagt, du sollst dir deine Limonade nicht selber holen", schimpft sie. „Klatsch in die Hände, dann kommt der Ober und bringt dir, was du willst! Benimm dich endlich anständig, sonst wirst du nie ein richtiger Caballero werden!"

Michael zieht die Nase hoch und ballt die Fäuste in den Taschen seiner Samthose. Dann setzt er sich auf einen Stuhl und zieht mit seinem schwarzen Lackschuh kleine Kreise auf die Fliesen der Restaurantterrasse, lauter kleine Kreise.

Günther Albrecht

Zehntausend große Pausen

Herr Lehrer und Frau Lehrerin,
Auf Wiedersehn für Wochen!
Die allerschönste Zeit im Jahr
Ist heute angebrochen.
Jetzt gibt es keine Algebra,
Und vier mal vier ist dreizehn.
Der Nordpol liegt in Afrika,
Im Ozean wächst Weizen.

Herr Lehrer und Frau Lehrerin,
Auf Wiedersehn für lange!
Wir machen keine Schularbeit
Und sind dabei nicht bange.
Wir laufen beinah nackedei
Und barfuß durch die Gegend.
Jetzt ist für uns das Dreimaldrei
Durchaus nicht weltbewegend.

Herr Lehrer und Frau Lehrerin,
Auf Wiedersehn! Wir reisen
Nach Sachsen oder Württemberg,
Nach Bayern oder Preußen.
Was kümmert's uns, wo Pfeffer wächst?
Wenn wir nur Zucker schmecken!
Sogar der nächste Aufsatztext
Kann uns kein bißchen schrecken!

Herr Lehrer und Frau Lehrerin,
Es steht ganz außer Frage:
Der nächste Aufsatz heißt bestimmt:
Die schönsten Ferientage.
Doch wer im warmen Sande liegt,
Den kann das gar nicht grausen.
Wir seh'n jetzt nur, was vor uns liegt:
Zehntausend große Pausen!

James Krüss

Abendpost

Oliver ist mit seinen Eltern ans Meer gefahren. Der erste Tag auf dem Campingplatz geht zu Ende. Die Mama sonnt sich noch auf der roten Luftmatratze.

„Schön ist es hier", seufzt sie. „Bloß schade, daß keine Post kommt."

„Warum kommt denn keine?" fragt Oliver.

„Weil wir der Post keine Ferienadresse dagelassen haben", erklärt der Papa.

„Und warum haben wir nicht?" will Oliver wissen.

„Na, hör mal! Hast du gewußt, auf welchem Campingplatz wir landen?" sagt der Papa. „Wir sind doch aufs Geratewohl gefahren." Ach ja! Sie sind ohne festes Ziel von zu Hause weggefahren und haben dann hier diesen herrlichen Zeltplatz entdeckt. Die Fahrt ins Ungewisse war spannend. Dafür gibt's aber jetzt keine Post. Vielleicht hätte Katja eine Ansichtskarte geschickt oder Omi ein Päckchen mit Kaugummi und Brausepulver. Man kann halt nicht alles haben!

„Ich geh' noch mal schwimmen", sagt Oliver.

Die Eltern sind einverstanden.

Das Wasser ist türkisblau und glasklar. Und Platz hat man! Ganz anders als im Schwimmbad, wo einem dauernd jemand in die Quere schwimmt. Das Meer ist riesig, und Oliver ist fast allein, denn die meisten Leute essen gerade Abendbrot.

Aber plötzlich kommt doch etwas auf Oliver zugeschwommen – kein Mensch und kein Fisch, nur eine dunkelgrüne zugekorkte Flasche. Wenn sie voll und schwer wäre, müßte sie eigentlich untergehen, denkt Oliver.

Tut die Flasche aber nicht. Dicht vor Olivers Nase tanzt sie auf den Wellen. Ein Griff – und er hat sie.

Die grüne Flasche ist ganz leicht. Natürlich – leer! Bloß Luft ist darin und sonst nichts.

Oder? Oliver hält die Flasche gegen das Licht. Da sieht er, daß ein zusammengerolltes Papier darin steckt.

Oliver schwimmt schnell an Land und rennt zu seinen Eltern. Er schreit: „Wir haben doch Post gekriegt! Flaschenpost!"

Die Eltern staunen nicht schlecht. Papa macht den Korken locker, und Oliver angelt das Papier aus der grünen Flasche. Es ist nichts darauf geschrieben, aber jemand hat ein Bild auf das Blatt gemalt.

Ein schönes Bild! Es zeigt eine Hütte, die neben Palmen steht. Vor der Hütte aber sitzt ein kaffeebrauner Junge und guckt übers Meer.

„Seht mal, wie allein der ist", sagt Oliver mitleidig. „Da ist sicher keiner, mit dem er spielen kann. Bestimmt möchte er sich wenigstens mit jemandem unterhalten. Klar – deshalb hat er die Flaschenpost abgeschickt. Ich will ihm gleich antworten."

Oliver setzt sich hin und malt ein Bild. Er zeichnet sich selber, aber natürlich auch Mama, Papa und ihr neues blaues Auto. Und weil am Strand massenhaft kleine Muscheln liegen, malt Oliver auch noch ein paar dazu. Also, wenn das kein hübscher Antwortbrief ist!

„Ich schicke ihn auch gleich ab", meint Oliver eifrig.

„Wie denn?" fragt Mama. „Steht ja keine Adresse auf dem Palmenbild."

„Ist doch ganz klar, wie“, sagt Oliver kopfschüttelnd.

Er rollt sein Bild zusammen, steckt es in die grüne Flasche und korkt sie wieder zu. Dann rennt er zum Ufer. Die Sonne geht unter, und es sieht aus, als ob sie im Meer baden wollte. Das Wasser hat sich dunkler gefärbt. Oliver wirft die Flasche in hohem Bogen hinein.

Kurz danach liegt er im Zelt in seinem Schlafsack. Er hört das Meer rauschen und den Wind an der Zeltplane rütteln. Vielleicht hat sich der Wind gedreht und treibt die grüne Flasche nun aufs offene Meer hinaus – weiter und immer weiter . . .

Irgendwann – da ist Oliver ganz sicher – wird seine Flaschenpost bei dem kaffeebraunen Jungen ankommen.

Barbara Hlauschka-Steffe

Die Reise nach Florenz

Andreas und Florian haben mit ihren Eltern zufällig die gleiche Reise gemacht – nach Italien. Aber wenn man beide davon erzählen hört, kann man es fast nicht glauben!

Soll doch erst mal Andreas zu Wort kommen:

Ich war mit meinen Eltern in Italien! Wir sind mit dem Zug gefahren, vierzehn Stunden. Das war furchtbar langweilig. Ich hab’ aus dem Fenster gesehen, aber da gab es nichts Interessantes.

Als wir endlich in Florenz waren, hat mein Vater eine Pension gesucht. Die lag im dritten Stock, und einen Fahrstuhl hatten die nicht. Wir mußten unsere Koffer raufschleppen und haben wahnsinnig geschwitzt.

Nachher haben wir uns die Stadt angesehen. Überall nichts als Fremde, die die berühmten Sachen ansehen wollten. Aber ich mach' mir nichts aus alten Gebäuden. Die Figuren aus Stein, die dort überall rumstehen, find ich langweilig.

Nachher haben wir gegessen. Es gab Spaghetti und Tomatensoße und noch so was Gebratenes mit kleinen Fischen.

Mein Vater hat gesagt: „Jetzt würd' ich was drum geben, wenn ich ein Hendl kriegen könnt' und ein Bier!" Das fand ich auch, weil ich sowieso finde, daß es zu Hause am besten schmeckt.

Später sind wir noch ans Meer gefahren. Es war furchtbar heiß, und meine Mutter saß die ganze Zeit unter einem Schirm, weil sie die Hitze nicht vertragen kann, und mein Vater hat einen Sonnenbrand bekommen. Da sind wir wieder nach Hause gefahren, das war noch langweiliger, weil ich schon alles unterwegs kannte.

Florian erzählt:

Ich war mit meinen Eltern in Italien! Wir mußten vierzehn Stunden mit dem Zug fahren. Ich hab' aus dem Fenster geschaut. Da gab es dauernd was anderes zu sehen, erst Berge, später Gärten mit Zypressen und anderen Bäumen, die man hier nicht kennt.

Endlich waren wir in Florenz! Ich war schon sehr gespannt. Wir haben gleich unser Gepäck in die Pension gebracht. Die lag im dritten Stock, und wenn man aus dem Fenster sah, war das Gewimmel da unten sehr lustig. Es gibt furchtbar viel Touristen dort, und man hört Englisch, Französisch, Deutsch und Dänisch.

Und dann haben wir natürlich richtig italienisch gegessen!

„Wenn wir schon hier sind“, hat mein Vater gesagt, „dann essen wir was Einheimisches, etwas, das wir zu Hause nicht kriegen!“

Es hat ganz gut geschmeckt, besonders die kleinen gebratenen Fische, und Rotwein gab es auch dazu, und hinterher hat meine Mutter Eis haben wollen.

Am dritten Tag sind wir ans Meer gefahren. Es war sehr sonnig, und das Wasser war herrlich warm.

Es tat uns richtig leid, als wir schließlich wieder nach Hause fahren mußten. Ich fand es schön, noch einmal die Gegenden wiederzusehen, die wir schon von der Herfahrt kannten. Es war eine wunderschöne Reise!

Sibylle Mews

Löwenzahn

Löwenzahn, Löwenzahn,
zünde deine Lichtlein an!
Lichtlein hell und Lichtlein weiß,
Lichtlein auf der Wiese!

Pust' ich alle Lichtlein aus;
dunkel wird's im Wiesenhaus.
Tausend Fünklein fliegen fort,
blühn an einem andern Ort:
Löwenzahn, Löwenzahn:
Nächstes Jahr hebt's wieder an.

Kurt Kölsch

Eitel Gold und Glitzerkram

Josefs Brüder waren so richtige Rabenköpfe. Genau wie ihre Väter. „Der Rabe fliegt nicht weit vom Vater“, sagt ein Rabensprichwort. Viel fressen, dummes Zeug krächzen, was nichts zu bedeuten hat, und Reichtümer sammeln.

Sie schleppten alles, was glitzerte, an und vergruben es unter ihren Nestern. Bewachten es, wurden gemein und hinterhältig, wenn sie meinten, jemand wollte ihnen ihren Kram wegnehmen. Etwas anderes hatten sie nicht in ihren Rabenköpfen drin.

Einmal geriet der Rabe Josef beinahe auch in Versuchung. Als er sah, wie seine Brüder wieder einmal den verschiedensten Glitzerkram anschleppten und es für Gold hielten, glimmerte es auch in seinen Rabenaugen. Denn „jeder Rabe ist schwarz“, sagt ein altes Rabensprichwort. Und wer noch nie das Glimmern gespürt hat, weiß auch nicht, wie gefährlich es sein kann. Kurzum, der Rabe Josef flog in diesen Tagen unruhig und in kleinen Flügen von Wipfel zu Wipfel, kein Höhenflug mehr, eher ein armseliges Hopsen und Hüpfen von Ast zu Ast. Die Habsucht hatte seine freie Rabenseele angenagt. Keine Flugkünste interessierten ihn mehr, und er schielte wohl öfter zu den anderen Raben hinüber, wenn sie mit ihrem Kramzeug, mit versilberten Löffeln und Christbaumschmuck, von ihren Flügen heimkehrten.

Warum viel reden: er wollte auch reich werden. Ihm

glimmerten hundert und tausend nutzlose Gegenstände im Kopf herum, von denen er meinte, er müsse sie haben. „Hast du was, dann hast du was“, sagt noch so ein dummes Rabensprichwort.

Ein Feuerzeug mit Gaszündung könnt' ich brauchen, dachte er. Und ein Sportabzeichen, eine verzinkte Badewanne, eine Klingel, einen Verlobungs- oder Nasenring von Negern. Eine originelle Wandleuchte und eine automatische Gießkanne und ein elektrisch beleuchtetes Armband mit Gummizug und und und . . . Lauter dummes Zeug fiel ihm ein. Der schlaue Rabe Josef war geworden wie seine Brüder.

Er flog also in die Stadt, ging in ein Kaufhaus und kaufte alles, was er sah. Lauter unnützen Kram. Und als er die sieben Säcke durch die Luft schleppte, waren sie schwer wie Blei. Der freie Rabe Josef war jetzt kein Höhenflieger mehr, kein Künstler der Lüfte, er war ein plumper Hubschrauber, ein Luftlaster geworden und torkelte armselig über den Baumwipfeln herum. Als er bei den Rabenbäumen ankam, bewunderten ihn seine dummen Brüder, denn soviel Glitzerkram auf einem Haufen hatte keiner von ihnen.

Aber dann mußte er sein Nest vergrößern. Mußte Tag und Nacht darauf hocken und den unnützen Kram bewachen, denn seine Brüder klauten wie die Raben. Und weil er nicht mehr herumflog, wurde er dick und faul. Bis dann eines Tages ein Sturm aufkam. Der rüttelte die Bäume durcheinander, als wären sie Gras. Was die Raben zusammengesammelt hatten, flog herum wie nichts, ihre Nester

fielen auseinander, und auch Josefs Glitzer- und Glimmerkram ging verloren.

Da stieg der freie Rabe Josef wieder hoch hinauf über die Wolken, über den Sturm. Und als er den großen Wind wieder in seinen Flügeln spürte, war die Welt wieder in Ordnung, und er schwor sich, nie wieder auch nur irgend etwas besitzen zu wollen, was ihn an seinem Flug über die Wolken hindern könnte.

Janosch

Herr Ka

Herr Ka war einer jener Menschen, für die Geld und Gold die wichtigste Sache der Welt war. Tag und Nacht dachte er darüber nach, wie er möglichst schnell noch reicher werden könnte. Eines Tages fand er in der Abfalltonne seines Nachbarn ein altes zerfetztes Buch. Er nahm es mit nach Hause, sperrte sich in sein Zimmer ein und las auf einer halbverbrannten Seite:

Und wollest du zählen zu den Reichen dieser Erde, dann tue dies: Vergrabe an einem nebligen Tag im November in der sechsten Stunde des Abends in deinem Garten Goldstücke mit einer Schaufel aus Holz, und es werden dir daraus übers Jahr Blumen aus Gold wachsen, und du wirst zählen zu den Reichen dieser Erde. Doch ernte sie . . .

Den Rest des Satzes konnte er nicht mehr lesen, weil das Blatt angebrannt war. Das Wichtigste aber wußte er.

Herr Ka vergrub, wie es geheißen, im November sein Gold im Garten und wartete sehnsüchtig auf das nächste Frühjahr. In seinen schlaflosen Nächten träumte er von goldenen Wiesen und zählte in Gedanken seine künftigen Schätze.

Es wurde Winter, und es kam Schnee. Der Schnee verschwand, und es wurde Frühling. Es blühten weiße Blumen und blaue Blumen, es blühten Schneeglöckchen, Krokusse und Primeln, doch die goldenen Blumen des Herrn Ka wuchsen nicht. Aber eines Tages – es war inzwischen Sommer geworden – entdeckte er zwischen all den grünen Blättern goldene Knospen, und schon nach wenigen Tagen war die Wiese übersät mit goldenen Blumen. Herr Ka hatte nur mehr Augen für seine Wiese und bewachte sie ängstlich. Nachts träumte er davon, ein neidischer Mensch hätte sie alle mit der Sense abgemäht, aber am nächsten Tag waren noch alle da.

Die Blumen standen nun schon viele Tage in voller Blüte, und Herr Ka war sich nicht sicher, wann er sie ernten sollte. Er schaute noch einmal auf die halbverbrannte Seite aus dem alten Buch, doch da stand nur: Doch ernte sie ... Und er ergänzte in Gedanken: Doch ernte sie nicht zu früh.

Vielleicht würden sie noch größer werden; vielleicht wäre das Gold wertvoller, wenn es länger in der Sonne glänzte. Er ließ seine Blumen wachsen und wartete. Er wollte noch reicher werden.

Doch eines Tages hatten sich die Blumen über Nacht verändert: Sie waren schneeweiß und federleicht geworden.

Jetzt sind sie zu Weißgold geworden, dachte er und war froh, daß er so lange gewartet hatte. Doch als er sie gerade pflücken wollte, kam ein Wind auf und wehte seine Blumen davon. Wie kleine Fallschirme schwebten sie im Wind und verteilten sich in alle Richtungen.

Herr Ka schrie auf und versuchte sie zu fangen: „Mein Gold, mein Gold", brüllte er, und alle Leute schauten den kleinen Fliegern nach und lachten.

Weißt du, was das für Blumen waren?

Hubert Endhardt

Warum die Störche fortblieben

Franz Frosch und Sieglinde Frosch saßen Arm in Arm auf einem Seerosenblatt im Dorfteich von Unkenhausen und sonnten sich. Franz schielte mit dem einen Auge nach Sieglinde und mit dem anderen nach einer Fliege. Denn außer Sieglinde mochte er am liebsten Fliegen.

Drei Monate waren sie schon verheiratet, aber Kaulquappenkinder hatten sie immer noch nicht, und das kam so:

Normalerweise haben Frösche viele Kaulquappenkinder. Manchmal fünftausend und mehr. Da gibt es viel Arbeit für die Froscheltern. Fünftausend Kinder wecken und fünftausend Kinder zu Bett bringen. Fünftausendmal gute Nacht sagen und überhaupt auf fünftausend Kinder aufpassen. Abends sind die Froscheltern so müde, daß sie nur noch „quaaak" sagen.

Franz und Sieglinde scheuten nicht die viele Arbeit, die ihnen fünftausend Kinder gemacht hätten. Im Gegenteil, sie hätten am liebsten noch mehr Kinder gehabt, wenn, ja wenn Franz nicht darauf bestanden hätte, jedem Kaulquappenkind einen Namen zu geben. Gewöhnlich haben Kaulquappenkinder nur eine Nummer anstelle eines Namens. Die Froscheltern quaken: „Nummer dreiundsechzig hat heute morgen leichtes Fieber. Nummer viertausendzweihundertachtzehn hat Stubenarrest. Nummer siebenhundertneunzehn schwimmt im Zickzack."

Franz mochte das überhaupt nicht, und deshalb hatte er Sieglinde zur Hochzeit versprochen, ihren eigenen Kaulquappenkindern einen schönen Namen zu geben.

Die Frösche hatten ihm für diese gute Idee Beifall gespendet und beschlossen, es genauso zu machen. Alle Kaulquappenkinder im Dorfteich von Unkenhausen sollten in Zukunft einen richtigen Namen bekommen.

Und so begannen die Frösche im Dorfteich von Unkenhausen Namen zu sammeln. Sie fingen mit Alexander, Angelika, Anna, Anton, Archibald an und hörten bei Zeppeline, Zissl, Zottelchen und Zückerchen auf. Herrlich fanden sie das, und viel schöner als die Zahlen eins, zwei, drei, vier. Doch als sie alle Namen zusammenzählten, stellten sie entsetzt fest, daß es erst sechshundertvierunddreißig Namen waren. Viele Froscheltern wollten aufgeben, weil ihnen noch so viele Namen fehlten. Doch Franz Frosch sagte: „Versprochen ist versprochen!"

So saßen sie drei Monate zusammen und quakten sich etwas vor. Manchmal fiel ihnen auch ein neuer Name ein, aber alle fünftausend bekamen sie nicht zusammen. Deshalb hatten Franz und Sieglinde bis heute keine Kaulquappenkinder, und die anderen Frösche auch nicht.

Die Störche wunderten sich, warum es dieses Jahr so wenig Frösche im Dorfteich von Unkenhausen gab, und beschlossen, im nächsten Jahr gleich zu einem anderen Teich zu fliegen.

Helme Heine

Sebastian und Sophie

Am Stadtrand wohnt der kleine Sebastian. Er kann nicht laufen, weil seine Beine gelähmt sind. Deswegen sitzt er den ganzen Tag im Rollstuhl. Manchmal geht er auch ein paar Schritte mit Krücken spazieren, aber das ist sehr anstrengend für ihn. Bei schönem Wetter ist er im Garten seiner Eltern und freut sich an der warmen Sonne, an den zwitschernden Vögeln und an den vielen bunten Blumen. Er spricht mit den Wolken, und – als ob sie ihm antworten würden – verändern sie ihre Gestalt. Besonders gern sitzt er unter einer großen Birke und schaut zu, wie ihre zarten Blätter im Wind beben.

Als er wieder einmal bei der Birke sitzt, fällt ihm plötzlich ein roter Ball mit weißen Punkten vor die Füße. Erstaunt bückt sich Sebastian danach. Da hört er eine helle Stimme vom Gartentor her rufen: „Das ist meiner!“ Sebastian schaut zum Tor und erkennt Sophie, ein kleines Mädchen aus der Nachbarschaft, das er schon oft hat vorbeilaufen sehen.

„Mach die Tür nur auf, ich beiße nicht!“ ruft Sebastian.

Vorsichtig öffnet Sophie das Gartentor und geht langsam zu Sebastians Rollstuhl. „In was für einem komischen Stuhl sitzt du denn da?“

„Das ist ein Rollstuhl, das ist ein bißchen wie ein Auto ohne das Blech drumrum. Das Ding brauche ich, weil ich einmal schwer krank war und seitdem nicht mehr laufen kann.“

Sophie schweigt eine Weile, dann fragt sie: „Ist das sehr schlimm für dich? Bist du sehr traurig?“

„Eigentlich nicht, nur daß niemand mit mir spielt, darüber bin ich oft traurig.“

„Oh“, ruft Sophie, „ich bin auch oft traurig, zum Beispiel weil die andern Kinder mich hänseln. Ich heiße nämlich Sophie Regenwetter. In der Schule gefällt es mir auch nicht, weil ich so schlecht schreiben kann, es werden immer nur Krakel. Und meine Freundin ist mit ihren Eltern weit weggezogen.“

„Das ist schon traurig“, meint Sebastian ernst. „Aber sitzt du denn nie im Garten und siehst den Vögeln zu und den Wolken? Das hilft gegen Traurigsein.“

„Nein, eigentlich nie“, sagt Sophie nachdenklich, „aber laß es uns doch mal zusammen versuchen.“

Und Sophie setzt sich neben Sebastian, und er erzählt ihr, während sie gemeinsam die Wolken betrachten, Geschichten darüber, wie sie sich verwandeln, einmal in einen Riesen, dann in einen Drachen oder in einen Zwerg.

Sophie hört aufmerksam zu und sagt bewundernd: „Das gefällt mir, du kannst schön erzählen."

Sebastian strahlt, verbeugt sich mit dem Oberkörper vor Sophie und sagt: „Darf ich mich vorstellen, mein Name ist Sebastian Frohsinn."

Sophie lacht schallend. Sebastian lacht mit und meint, sie beide hätten doch sehr lustige Namen. Und auf einmal findet Sophie den ihren auch sehr lustig.

Als die Uhr sechs schlägt, drückt Sophie fest Sebastians Hand und sagt: „Den Ball laß ich dir hier, als Pfand, damit du weißt, daß ich bestimmt wiederkomme."

Sebastian ist glücklich und erzählt alles den Wolken, die sich daraufhin rosa färben und ganz wunderschöne Gestalten annehmen.

Christine Bartmann

Der Erfinder

In einer schönen Stadt wohnte in einem schönen Haus mit einem schönen Garten drumherum der Erfinder Waldemar Hopfenstange.

Aber eines Tages erschien ihm die Stadt, in der er wohnte, gar nicht mehr so schön. Und auch sein Haus und sein Garten nicht. „Ich kann mir vorstellen", sagte er zu sich, „daß es woanders tausendmal schöner ist als hier."

Und weil er ein sehr großer Erfinder war, ging er sofort in seine Werkstatt und erfand eine Maschine, die ihn innerhalb einer einzigen Sekunde an jeden beliebigen Ort der Welt bringen konnte.

„Zuerst will ich in die Südsee!" befahl Waldemar Hopfenstange. „An einen einsamen Strand mit blaugrünem Wasser. Ein paar Palmen sollten auch nicht fehlen." Und die Maschine brachte ihn dorthin. „Großartig!" schwärmte Waldemar Hopfenstange, setzte sich in den warmen feinen Sand und sah auf die Wellen.

Aber leider konnte Waldemar Hopfenstange nicht schwimmen, und die Sonne brannte heiß vom wolkenlosen Himmel. „Das ist doch nicht das richtige", meinte er zu sich selbst. „Hier hole ich mir am Ende noch einen Sonnenstich. Außerdem ist es woanders bestimmt viel schöner." Und er wünschte sich in eine bekannte Stadt, von der ihm schon viele Leute etwas vorgeschwärmt hatten.

In dieser Stadt standen riesige Häuser, die fast den Himmel berührten. So etwas hatte Waldemar Hopfenstange noch nie gesehen. Staunend sah er sich um. Aber die Menschen in dieser Stadt sprachen eine fremde Sprache, die Waldemar Hopfenstange nicht verstand. Und weil ihn die Maschine auf einer belebten Hauptstraße abgesetzt hatte und die Menschen sehr in Eile waren, rempelten und schubsten sie ihn, so daß er bald überall blaue Flecken hatte. „Nichts wie weg von hier!“ sagte sich Waldemar Hopfenstange. „Auf einem hohen Berg ist es wahrscheinlich viel, viel schöner.“

Und schon stand der Erfinder auf einem gewaltigen Gipfel. Um ihn herum blitzten Eis und Schnee, und tief unter sich sah Waldemar Hopfenstange Wolken ziehen. „Hier ist es wirklich sehr schön“, sagte er. Aber schon bald machte ihm der eisige Sturm zu schaffen, der in dieser Höhe heftig blies. „Ich will nach Hause!“ schrie Waldemar Hopfenstange zähneklappernd. Und im nächsten Augenblick stand er mitten in seinem Wohnzimmer.

„Hier ist es doch am allerschönsten!“ rief er. Er packte die Maschine und warf sie aus dem Fenster, so daß sie in tausend Stücke zersprang. Dann ging er in seinen schönen Garten hinaus, der ihm jetzt viel schöner als vorher erschien, legte sich zufrieden in seinen Liegestuhl und wollte nie mehr woanders sein.

Ulf-Dieter Fricke

Kaputtes Knie

Moni ist hingefallen. Schlimm hingefallen. Gerade eben noch sauste sie über den Spielplatz. Ein Stein war im Weg und zack, lag Moni auf dem Boden. Bäuchlings.

Die Hose hat am rechten Knie ein Riesenloch, und das Knie darunter sicher auch. Blut kommt raus. Viel! Und wie Moni das sieht, da plärrt sie los. Aber auch gleich so, daß der halbe Spielplatz zusammenläuft. Aufgeregt rennen Mütter und Omis hinzu, man hebt die schreiende Moni hoch, man untersucht das Knie, wo Blut rinnt. Mütter und Omis gackern durcheinander: „. . . das arme Kind . . . sieht übel aus . . ." Und wie Moni das hört, da schreit sie noch ärger.

Das hört auch der Andi, Monis Bruder. Er spielt mit den Großen Fußball, als er aufhorcht. Das Gebrüll kennt er doch. So brüllt nur eine: seine Schwester. Andi läßt Fußball Fußball sein und rennt los. Zum Gebrüll, zu den gackernden Müttern und Omis. Da sieht er seine Schwester, kreischend am Boden, blutendes Knie.

Als die Moni ihren Bruder sieht, heult sie nochmals tüchtig auf. Recht geschieht ihm. Warum hat er auch nicht auf sie aufgepaßt. Das muß er nämlich, weil's die Mama sagt.

Der Andi kniet sich vor die Moni, sagt gar nichts, hebt sie einfach hoch und schleppt sie auf eine Bank. Dann sagt er mitten in ihr Geplärr hinein: „Jetzt sei mal still, sonst merkst du ja gar nicht, wie's weh tut!"

Was? Die Moni klappt den Mund zu und reißt die Augen auf. Und ehe sie wieder loslegen kann, befiehlt ihr der Andi: „Jetzt krempel mal deine Hose hoch, damit du's richtig sehen kannst!"

Was? Auch noch hingucken? „Tut weh!" jammert die Moni. Aber dann krempelt sie doch vorsichtig das Hosenbein rauf, und vor lauter Vorsicht vergißt sie das Heulen.

„Jetzt schau genau hin", kommandiert der Andi weiter, rührt selber keinen Finger. Die Moni schluckt und bückt sich tiefer und schaut genau auf das kaputte Knie. Die Wunde sieht nicht schön aus, da ist ein Loch, ein kleines, und Blut kommt auch raus, aber nicht mehr so viel.

„Und jetzt paß auf", sagt der Andi, „jetzt horch genau hin, wie weh es tut. Mußt ganz genau horchen." Die Moni schaut verwundert. Weh tut's, da muß sie doch nicht horchen. Aber gehorsam versucht sie es, sie macht sogar die Augen dabei zu. Und nach einer Weile sagt sie: „Es tut nicht weh, es brennt."

„Gut", lobt der Andi, „kannst du's aushalten?" Die Moni zuckt die Schultern, schiebt die Unterlippe vor. Es brennt wirklich ziemlich schlimm. „Schau hin", sagt der Andi, „und horch aufs Brennen, versuch's."

Die Moni nickt und schaut und horcht. Es brennt eigentlich so, daß man's gut aushalten kann. Eine Weile wenigstens.

„Na siehste", sagt der Andi. Und dann setzt er sich neben die Moni und legt den Arm um ihre Schultern, was er sonst nicht tut, und sagt: „Das ist mein Trick! Wenn ich hingeflogen bin und eine Wunde hab', dann setze ich mich hin und schau sie genau an und horche genau aufs Wehtun. Und dann hab' ich keine Angst mehr. Klappt immer!" Die Moni schluckt und staunt und nickt. „Und jetzt gehn wir heim, Knie verbinden", sagt der Andi, und er schaut dabei ein bißchen sehnsüchtig zu den Fußball spielenden Großen rüber. Manchmal sind Schwestern wichtiger ... Andi seufzt, steht auf und sagt zur Moni: „Ich nehme dich auch huckepack, aber bloß ein Stück!"

Gudrun Mebs

Das Baby

Heute ist Freitag. Am Freitag darf Elke den kleinen Erwin ausfahren. Der ist acht Monate alt und der Sohn von Frau Wehrlein.

Als Elke um drei Uhr bei Wehrleins schellt, wartet Erwin schon im Kinderwagen. Er kennt sie und lacht ihr entgegen.

„Paß gut auf ihn auf!" sagt Frau Wehrlein. Sie küßt Erwin auf die hellen Haare.

Elke fährt durch die Tannenallee in die Promenade. Die Sonne scheint. Meisen hüpfen auf den Zweigen. Elke hüpft auch. Sie kitzelt Erwin am Bauch. Der kreischt vor Vergnügen. In der Promenade am Springbrunnen begegnet Elke der Doris. Sie ist in der gleichen Klasse. Doris fährt ihre Schwester Gaby spazieren. Die ist erst vor vier Wochen auf die Welt gekommen.

„Warum hast du denn das Verdeck vom Kinderwagen hochgeklappt?“ fragt Elke.

„Damit Gaby sich nicht erkältet“, sagt Doris. „Schließlich ist sie ja noch ein Baby.“

„Erwin ist auch ein Baby“, sagt Elke.

Doris schaut Erwin an. „Der ist doch kein Baby mehr“, sagt sie. „Dafür ist er schon viel zu groß.“

„Wollen wir zusammen spazierenfahren?“ fragt Elke.

„Nein“, sagt Doris, „keine Lust.“ Sie zieht die Schultern hoch und geht.

„Dumme Kuh!“ Elke schaut hinter ihr her, wie sie den Kinderwagen schiebt. Doris tut, als wäre sie die Mutter von dem Baby. Dabei ist sie nur die Schwester.

Elke ist auf einmal traurig, sehr traurig. Sie wünscht sich schon lange, schon immer eine kleine Schwester oder einen kleinen Bruder.

Darum fährt sie ja auch den Erwin spazieren. Nur, der ist wirklich schon so groß. Und kein Baby mehr.

Elke schiebt das Kissen zur Seite. Zieht an Erwins Füßen. Legt ihn lang. Stopft das Kissen drüber. Klappt das Verdeck hoch. Erwin schreit. Er strampelt. Will nicht liegen. Aber Elke will. Alle Leute sollen denken, daß sie ein kleines Baby hat. So wie Doris die Gaby hat.

Sie schaukelt den Kinderwagen. Schiebt ihn durch die Promenade. Später, wenn Elke groß ist, will sie bestimmt vier oder fünf Babys haben. Nur sollen die nicht so schreien wie der Erwin jetzt.

Elke setzt sich auf eine Parkbank, singt „Schlaf, Kindchen, schlaf!“. Eine Dame kommt vorbei. Bleibt stehen. Sieht Elke und den Kinderwagen an. Bestimmt denkt sie jetzt, daß ich ein kleines, ein klitzekleines Baby habe, hofft Elke und freut sich.

Die Dame setzt sich zu ihr. „Ist das nicht ein bißchen warm für dein Baby?“ Sie zeigt auf das dicke Kissen und das Verdeck.

Elke merkt plötzlich, wie heiß ihr ist. Weil die Sonne scheint. Und weil Erwin so schreit. Und wie er schreit. Sie bekommt Angst. Zieht das Kissen zur Seite. Klappt das Verdeck runter. Setzt Erwin hin. Er schluchzt. Tränen laufen ihm die Backen runter. Sein Köpfchen ist ganz rot. Dann lacht er.

„Was für ein süßes Baby“, sagt die Dame.

Elke wischt ihm mit der Hand die Tränen weg.

„Du bist aber sehr lieb zu deinem Baby“, sagt die Dame. „Dir würde ich mein Kind auch anvertraun.“

Elke lacht ein bißchen und wird rot.

Ursula Fuchs

Eins zu null für uns Kinder

In allem sind die Erwachsenen besser
als wir – sagen sie.
Sie essen vorbildlich mit Gabel und Messer
und kommen nie
zu spät in die Schule oder nach Hause.
Sie raufen und lärmen nicht in der Pause,
zerreißen auch ihre Hosen nicht
und sind sehr wichtig – sagt ihr Gesicht.

In einem aber sind wir überlegen:
In Afrika, China, Brasilien, Norwegen,
Australien und Spanien und Kuba und Schweden,
von Polen und Kanada gar nicht zu reden,
sogar in Berlin und Bayern und Sachsen
sind wir um Klassen besser im Wachsen.
Im Größerwerden, das merkt auch ein Blinder,
steht's eins zu null für uns Kinder –
stimmt's?

Hans Baumann

Wie eine gelbe Blume

Es war lange Frieden gewesen in jenem fernen Land. Zu lange wohl. Die Menschen nahmen ihn einfach hin wie Brot oder Kartoffeln. Und wer denkt schon über Brot und Kartoffeln nach?

Mit dem Krieg war es anders. Der trug Federn im Haar und ließ Fahnen flattern. Trommeln und Trompeten spielten. Ja, der Krieg war voll Ruhm und Glanz. Woher die Leute das wußten? Aus Geschichten natürlich. Was konnte man da alles lesen von tapferen Männern, die wegliefen aus dem grauen Einerlei des Alltags – mitten hinein ins Abenteuer. Auch die Großväter erzählten Geschichten von einem großen Krieg, von einer großen Zeit, in der das Leben ein Abenteuer war.

Frieden dagegen war nur ein Wort. Ein Wort wie Wohlstand. Ein Wort wie Schokolade und Erdbeertorte. Ein Wort wie Gleichgültigkeit.

Es gab viele, denen vieles nicht paßte in jenem Land, in dem der Frieden nun so lange dauerte.

Doch er dauerte nicht ewig.

Aus dem Frieden wurde ein neuer Krieg. Er kam über Nacht, und es war kein Ruhm und kein Glanz dabei. Denn ein Krieg, den man am eigenen Leib spürt, ist anders als einer, den die Erinnerung verklärt.

Mit Hunger und Kälte hat er zu tun. Mit Panzern und Bomben. Mit Tränen um Menschen, die man liebhat.

Ein Jahr ging ins Land und noch eins. Männer kämpften gegeneinander. Bomben fielen auf Städte und Menschen. Verwundete schrien. Nur die Toten schwiegen.

Und eines Tages, da starb der Krieg und war vorbei. So plötzlich, wie er begonnen hatte. Wer noch lebte, kehrte zurück nach Haus und stand vor lauter Trümmern. Vor zerbrochenen Ziegeln. Vor zerfetzten Bäumen. Vor Scherben.

Da kam ein Bub aus seinem Kellerloch heraus. Der schaute in den Himmel, aus dem keine Bombe mehr fiel. Er horchte nach allen Seiten, doch das Schießen war verstummt.

Dann sah er die kleine gelbe Blume, die unbekümmert inmitten der Trümmer blühte.

„Es ist Frieden", sagte er. „Man muß dem Frieden helfen, daß er wächst." Und er legte beide Hände um den gelben Huflattich, als ob er ihn beschützen wollte.

Da kam auch ein Mädchen, das war dreckig und mager.

„Weißt du, wie der Frieden aussieht?" fragte sie, und ihre Augen glitten über all den Schutt.

„Wie eine kleine gelbe Blume", sagte der Bub.

Das Mädchen lächelte. „Für dich ist er eine Blume in lauter Trümmern", sagte sie. „Für mich ist er ein Ziegel, der unzerstört bleibt. Wie der eine dort hinten, genauso. Siehst du ihn?"

„Ja", sagte der Bub.

Das war das erste Gespräch über den Frieden in jenem fernen Land.

Eva Marder

Bunt sind schon die Wälder,
gelb die Stoppelfelder

Septembermorgen

Im Nebel ruhet noch die Welt,
Noch träumen Wald und Wiesen
Bald siehst du, wenn der Schleier fällt,
Den blauen Himmel unverstellt,
Herbstkräftig die gedämpfte Welt
In warmem Golde fließen.

Eduard Mörike

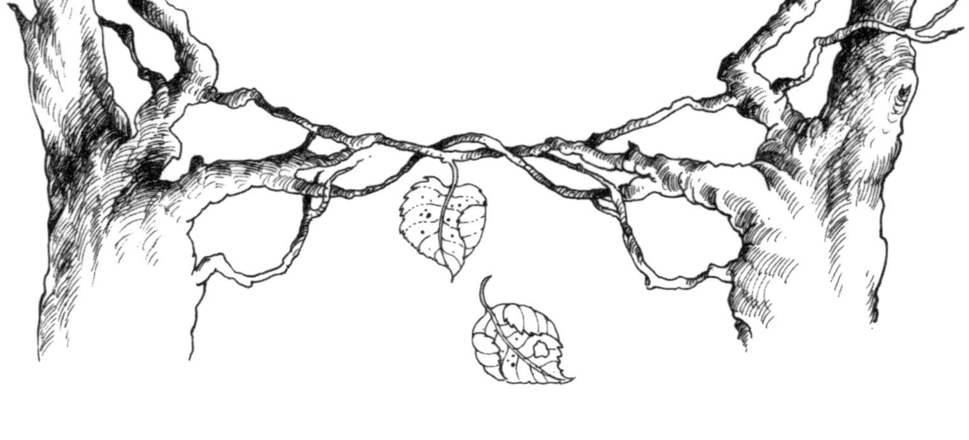

Mein erstes Schuljahr

Wenn man die Augen schließt und ganz stark an etwas denkt, dann sieht man dieses vor sich. Und so kann ich längst Vergangenes immer wieder vor meinen Augen erstehen lassen.

Dies gilt auch für mein erstes Schuljahr, welches lange, lange zurückliegt. Da sehe ich zuerst meine Klassenlehrerin vor mir, sie hieß Fräulein Holst. Sie war mein erster Schwarm, meine erste große Liebe. Sie trug ein himmelblaues Kleid aus glänzender Seide, darüber einen silberglitzernden Gürtel. Und da ich ganz gut lesen und rechnen konnte – von meinem Schreiben wollen wir lieber nicht reden, denn es war ein fürchterliches Gekritzel –, so war Fräulein Holst auch meistens sehr nett zu mir.

Übrigens herrschte in dieser Schule eine merkwürdige Sitte: Wenn Fräulein Holst Geburtstag hatte, brachten ihr die meisten Kinder Geschenke und Blumen mit. Und nicht etwa nur Kleinigkeiten, sondern je nach der Brieftasche des Vaters sogar Stoffe, Wäsche, Bestecke und manches andere.

Wenn ich mich richtig erinnere, dann gaben die Eltern der dümmsten und faulsten Kinder diesen die größten Geschenke für Fräulein Holst mit, wohl in der Hoffnung, dadurch bessere Zeugnisse zu bekommen. Aber das wäre ja ungerecht gewesen! Für Fräulein Holst kam das natürlich nicht in Frage, und es nützte meinem Klassenkameraden Harald nichts, daß er ihr sogar einen Kanarienvogel mit goldglänzendem Käfig mitbrachte, er blieb auf seiner Fünf in fast allen Fächern.

Besser war da schon die Sitte des Schuldirektors, der von Zeit zu Zeit in die Klasse kam und Rechenaufgaben stellte. Wer sich da besonders tüchtig zeigte, bekam von ihm etwas geschenkt: etwa einen Griffel oder einen neuen Bleistift, ein Lineal oder einen Radiergummi. Oder er schrieb mit roter Tinte einen Zettel für die Eltern: „Wal-

ter hat heute sehr gut gerechnet". Und ihr wißt ja: mit einer Belohnung macht das Lernen viel mehr Spaß.

Im zweiten Schuljahr erlebte ich aber eine bittere Enttäuschung: Fräulein Holst heiratete – und keineswegs mich. Nein, einen Herrn Tietjen! Dieser hatte sie schon öfter von der Schule abgeholt. Und er gefiel mir gar nicht so gut wie sie, denn er war schon älter, hatte ein blasses Gesicht und hinkte. Und dann der Name Tietjen! „Holst" klang viel schöner und paßte auch besser zu ihr. Aber jetzt mußten wir „Frau Tietjen" zu ihr sagen, und sie trug nun auch nicht mehr das schöne himmelblaue Seidenkleid.

Ihr seid natürlich heute schon viel klüger, als ich es damals mit sechs oder sieben Jahren war, und so wißt ihr längst, was ich heute auch weiß: Daß das schöne Kleid und der silbern glitzernde Gürtel noch gar nichts besagen, ob Fräulein Holst wirklich ein liebenswerter Mensch war und daß der verletzte Fuß, das blasse Gesicht und das Alter des Herrn Tietjen gar kein Grund dafür ist, ob er nun ein aufrichtiger und gütiger Mensch war oder nicht.

All das fiel mir jetzt ein, als ich einige Kinder auf ihrem ersten Schulgang sah und dann meine Augen schloß. Übrigens: Eine große Schultüte hatte ich damals auch und einen ganz neuen Schulranzen.

Walter Haug

Zweierlei Drachen

Was so in Büchern steht von Drachen,
das ist ja wirklich nicht zum Lachen!
Wer liest das nicht mit kaltem Grausen,
wie die in finstren Höhlen hausen?!

Die Viecher, heißt es, speien Feuer
und können derart ungeheuer
mit aufgerissenem Maule brüllen,
daß ihnen Dampf und Schwefel quillen
aus den aufgeblähten Nüstern
und den Himmel fast verdüstern.

Mit dem Schwanz – so steht's in Sagen –
können sie ein Pferd erschlagen;
drum meiden auch die meisten Ritter
die Bestien wie ein Ungewitter,
denn ihren messerscharfen Krallen
will keiner gern zum Opfer fallen.

Das sei nun aber lange her,
und Drachen, hört man, gäb's nicht mehr.
Nein, da mach' ich jede Wette:
Drachen gibt's! Und zwar sehr nette!

Sie schweben droben in buntem Gewimmel
über Wiesen und Äcker am hohen Himmel,
wenn im Herbst die frischen Winde wehen
und die Kinder hinaus auf die Felder gehen.

Die Drachen nämlich, die ich meine,
haben weder Krallen noch Beine.
Sie fliegen leicht und langgeschwänzt
mit papierener Haut, die im Sonnenlicht glänzt;
ihre Rippen sind aus schmalem Holz,
und dennoch sind sie kühn und stolz.

Wenn sie sich in den Lüften wiegen,
braucht's keiner mit der Angst zu kriegen,
denn diese Drachen sind putzmunter,
mal stehn sie Kopf und tun mitunter
auch Saltos schlagen oder toben,
als jagten sie eine Beute dort oben.

Sie springen und schaukeln,
sie hüpfen und gaukeln,
sie tanzen im Reigen,
sie stürzen und steigen.

Doch trotz aller Wildheit und Gaukelei,
sind sie da oben nicht vollkommen frei:
es bändigt sie nämlich ein feines Band,
gehalten von einer Kinderhand.

Jörg Christian Zimmer

Der Kleine Prinz lernt den Fuchs kennen

„Guten Tag“, sagte der Fuchs.

„Guten Tag“, antwortete höflich der kleine Prinz, der sich umdrehte, aber nichts sah.

„Ich bin da“, sagte die Stimme, „unter dem Apfelbaum ...“

„Wer bist du?“ sagte der kleine Prinz. „Du bist sehr hübsch ...“

„Ich bin ein Fuchs“, sagte der Fuchs.

„Komm und spiel mit mir“, schlug ihm der kleine Prinz vor. „Ich bin so traurig ...“

„Ich kann nicht mit dir spielen“, sagte der Fuchs. „Ich bin noch nicht gezähmt!“

„Ah, Verzeihung!“ sagte der kleine Prinz.

Aber nach einiger Überlegung fügte er hinzu:

„Was bedeutet das: ‚zähmen‘?“

„Das ist eine in Vergessenheit geratene Sache", sagte der Fuchs. „Es bedeutet: sich ‚vertraut machen'."

„Vertraut machen?"

„Gewiß", sagte der Fuchs. „Du bist für mich noch nichts als ein kleiner Knabe, der hunderttausend kleinen Knaben völlig gleicht. Ich brauche dich nicht, und du brauchst mich ebensowenig. Ich bin für dich nur ein Fuchs, der hunderttausend Füchsen gleicht. Aber wenn du mich zähmst, werden wir einander brauchen. Du wirst für mich einzig sein in der Welt. Ich werde für dich einzig sein in der Welt . . ."

„Ich beginne zu verstehen", sagte der kleine Prinz. „Es gibt eine Blume . . . ich glaube, sie hat mich gezähmt . . ."

„Schau", sagte der Fuchs, „mein Leben ist eintönig. Ich jage Hühner, die Menschen jagen mich. Alle Hühner gleichen einander, und alle Menschen gleichen einander. Ich langweile mich also ein wenig. Aber wenn du mich zähmst, wird mein Leben wie durchsonnt sein. Ich werde den Klang deines Schrittes kennen, der sich von allen andern unterscheidet. Die anderen Schritte jagen mich unter die Erde. Der deine wird mich wie Musik aus dem Bau locken. Und dann schau! Du siehst da drüben die Weizenfelder? Ich esse kein Brot. Für mich ist der Weizen zwecklos. Die Weizenfelder erinnern mich an nichts. Und das ist traurig. Aber du hast weizenblondes Haar. Oh, es wird wunderbar sein, wenn du mich einmal gezähmt hast! Das Gold der Weizenfelder wird mich an dich erinnern. Und ich werde das Rauschen des Windes im Getreide liebgewinnen . . ."

Der Fuchs verstummte und schaute den Prinzen lange an: „Bitte ... zähme mich!" sagte er.

„Ich möchte wohl", antwortete der kleine Prinz, „aber ich habe nicht viel Zeit. Ich muß Freunde finden und viele Dinge kennenlernen."

„Man kennt nur die Dinge, die man zähmt", sagte der Fuchs. „Die Menschen haben keine Zeit mehr, irgend etwas kennenzulernen. Sie kaufen sich alles fertig in den Geschäften. Aber da es keine Kaufläden für Freunde gibt, haben die Leute keine Freunde mehr. Wenn du einen Freund willst, so zähme mich!"

„Was muß ich da tun?" sagte der kleine Prinz.

„Du mußt sehr geduldig sein", antwortete der Fuchs. „Du setzt dich zuerst ein wenig abseits von mir ins Gras. Ich werde dich so verstohlen, so aus dem Augenwinkel anschauen, und du wirst nichts sagen. Die Sprache ist die Quelle der Mißverständnisse. Aber jeden Tag wirst du dich ein bißchen näher setzen können ..."

Am nächsten Morgen kam der kleine Prinz zurück.

„Es wäre besser gewesen, du wärst zur selben Stunde wiedergekommen", sagte der Fuchs. „Wenn du zum Beispiel um vier Uhr nachmittags kommst, kann ich um drei Uhr anfangen, glücklich zu sein.

Je mehr die Zeit vergeht, um so glücklicher werde ich mich fühlen. Um vier Uhr werde ich mich schon aufregen und beunruhigen; ich werde erfahren, wie teuer das Glück ist. Wenn du aber irgendwann kommst, kann ich nie wissen, wann mein Herz da sein soll ... Es muß feste Bräuche geben."

So machte denn der kleine Prinz den Fuchs mit sich vertraut. Und als die Stunde des Abschieds nahe war:

„Ach!“ sagte der Fuchs, „ich werde weinen.“

„Das ist deine Schuld“, sagte der kleine Prinz, „ich wünschte dir nichts Übles, aber du hast gewollt, daß ich dich zähme . . .“

„Gewiß“, sagte der Fuchs.

„Aber nun wirst du weinen!“ sagte der kleine Prinz.

„Bestimmt“, sagte der Fuchs.

„So hast du also nichts gewonnen!“

„Ich habe“, sagte der Fuchs, „die Farbe des Weizens gewonnen. Es ist nämlich ganz einfach“, fügte er hinzu, „man sieht nur mit dem Herzen gut. Das Wesentliche ist für die Augen unsichtbar.“

Antoine de Saint-Exupéry

Die Spiegelfreundin

Ein Mädchen war sehr viel allein.

Der Vater war den ganzen Tag weg, und die Mutter ging nachmittags auch weg. Das Mädchen hätte gerne einen Bruder oder eine Schwester gehabt oder eine Freundin zum Spielen. Aber es bekam keinen Bruder und auch keine Schwester, und weil es so viel im Haus bleiben mußte, bekam es auch keine Freundin.

Als das Mädchen sich einmal wieder sehr langweilte,

ging es hinaus in den Flur. Es guckte in den Flurspiegel, und dann dachte es plötzlich, daß das Mädchen im Spiegel eine Freundin sein könnte.

„Willst du mit mir spielen?“ fragte das Mädchen, dem es so langweilig war. Das Mädchen im Spiegel fragte das auch, und beide sagten dann schnell: „O ja, das will ich sehr gerne.“

Zuerst holten sie ihre Puppen. Beide hatten eine mit ganz blonden Haaren, und sie riefen deshalb erstaunt: „Du hast ja auch so eine wie ich!“

Als sie genug mit den Puppen gespielt hatten, wollten sie tanzen. Das Mädchen machte die Tür zum Wohnzimmer auf, damit es Musik hören konnte. Die Freundin im Spiegel machte auch die Tür zu ihrem Wohnzimmer auf. Beide Mädchen hörten aus ihrem Wohnzimmer Musik, und sie tanzten dazu auf dem Flur. Sie sahen sich dabei an, und sie lachten auch, weil das Tanzen Spaß machte. Danach wollte das Mädchen seiner Freundin im Spiegel eine Geschichte vorlesen. Es holte sein Geschichtenbuch aus dem Regal und setzte sich vor den Spiegel im Flur.

Inzwischen hatte die Freundin auch ihr Buch zum Vorlesen geholt.

„Aber ich lese zuerst“, sagte das Mädchen zu der Freundin im Spiegel, „du hörst mir zu.“

„Aber ich lese zuerst“, sagte die Freundin, „du hörst mir zu.“

„Ich lese zuerst“, sagte das Mädchen.

„Ich lese zuerst“, sagte die Freundin.

„Nein, ich!“ schimpfte das Mädchen.

„Nein, ich!“ schimpfte die Freundin.

„Du bist dumm“, sagte das Mädchen.

„Du bist dumm“, sagte die Freundin.

„Ich kann dich nicht leiden“, sagte das Mädchen.

„Ich kann dich nicht leiden“, sagte die Freundin.

Danach ging das Mädchen wütend ins Zimmer zurück.

Die Spiegelfreundin ging auch in ihr Zimmer. Dem Mädchen war es egal, was die Freundin jetzt machte.

Aber als es abends im Bett lag, konnte es gar nicht einschlafen. Es stand noch einmal auf und ging in den Flur. Die Spiegelfreundin war auch gerade gekommen.

„Wir wollen uns wieder vertragen“, sagte das Mädchen zu ihr. Die Spiegelfreundin sagte das auch. Jetzt war das Mädchen zufrieden.

„Bis morgen“, sagte es, und dann ging es weg.

„Bis morgen“, sagte die Freundin. Dann ging sie auch weg.

Elisabeth Stiemert

Pippa

Im Oktober bauen die Kinder einen Drachen.

„Laß mal“, sagen sie zu Pippa. „Du kannst nicht helfen. Du bist noch zu klein.“

„Es ist schlimm, wenn man immer klein ist“, sagt Pippa zu ihrer Mama.

„Du wächst doch jeden Tag ein Stück“, sagt die Mama.

Doch die anderen wachsen eben auch, und nie holt Pippa sie ein!

Es wird ein Vogeldrachen. Weite bunte Schwingen hat er und große blaue Augen, mit denen er Pippa anschaut. Abwechselnd halten die Kinder die Schnur und rennen damit los. Pippa läuft mit. Hoch hinauf steigt der Vogeldrachen, bis er ganz klein aussieht. Aber die richtigen Vögel fliegen doch noch viel höher.

Wenn die Kinder die Schnur aufspulen, muß der Drachen heruntersteigen. Dann liegt er auf dem gelben Stoppelfeld, wo vorher das Getreide gewachsen ist, und Pippa meint, daß er sie mit seinen blauen Augen traurig ansieht.

„Jetzt geht ein toller Wind!“ rufen die Kinder, und sie lassen den Drachen wieder hochsteigen.

„Darf ich ihn auch mal halten?“ fragt Pippa. „Ich will ihn auch mal halten.“

„Laß ihn aber nicht los!“ sagen sie und drücken Pippa die Schnur in die Hand.

Pippa faßt sie mit beiden Händen. Sie spürt, wie der Drachen da oben zuckt und bebt.

Er will fortfliegen, denkt sie. Er ist ein Vogel und will mit den anderen Vögeln ziehn.

Und auf einmal tut ihr der Drachen so leid, daß sie gar nicht anders kann: Sie läßt die Schnur los.

„Pippa!“ schreien die Kinder. „Jetzt ist er weg!“

„Sie hat ihn eben nicht halten können“, sagt einer der großen Jungen. „Sie ist noch zu klein.“

Das ist aber nicht wahr. Pippa hätte den Vogeldrachen

gut halten können. Jetzt segelt er oben am blauen Himmel dahin. Er ist frei. Immer höher hinauf steigt er, und bald wird er in der Ferne verschwinden.

Pippa schaut ihm nach, bis ihre Augen schmerzen, weil der Himmel so hell ist.

„Du brauchst nicht zu weinen“, sagen die anderen Kinder. „So schlimm ist es auch nicht.“

Aber Pippa weint gar nicht. Sie denkt, daß der bunte Vogeldrachen jetzt sehr, sehr glücklich ist.

Gina Ruck-Pauquèt

Herbstlied

Bunt sind schon die Wälder,
Gelb die Stoppelfelder,
Und der Herbst beginnt.
Rote Blätter fallen,
Graue Nebel wallen,
Kühler weht der Wind.

Wie die volle Traube
Aus dem Rebenlaube
Purpurfarbig strahlt!
Am Geländer reifen
Pfirsiche, mit Streifen
Rot und weiß bemalt.

Sieh, wie hier die Dirne
Emsig Pflaum' und Birne
In ihr Körbchen legt!
Dort mit leichten Schritten
Jene goldnen Quitten
In den Landhof trägt!

Flinke Träger springen,
Und die Mädchen singen,
Alles jubelt froh!
Bunte Bänder schweben
Zwischen hohen Reben
Auf dem Hut von Stroh.

Johannes Gaudenz von Salis Seewis

Hau ab, du stinkst

Nichtsahnend hatte sich Dirk am Nachmittag auf den Weg zum Kinderzentrum gemacht, wo er – wie immer – mit seinen deutschen und ausländischen Freunden spielen wollte.

Aber heute war alles ganz anders als sonst: Kaum hatte er das Haus betreten, schrie ihm sein Freund Nuri über den Gang hinweg zu: „Alle Inländer raus!" Dirk verstand nicht, was Nuri meinte, und stutzte einen Moment. Da rief Nuri noch mal: „Deutsche raus!" und knallte die Tür hinter sich zu.

Verstört ging Dirk ihm nach in den Gruppenraum. Aber da waren heute nur ausländische Kinder, und alle schauten sie ihn so böse und abweisend an. Was war bloß los?

„Schweinefleischesser", sagte die kleine schwarzhaarige Suleika, und Guiseppe aus Sizilien, sonst ein guter

Spielkamerad, schrie: „Du Bierbauchdeutscher! Dicker Bierbauchdeutscher."

„Seid ihr übergeschnappt?" rief Dirk, schon sehr verunsichert.

Aber Osman antwortete nur: „Lern du erst mal richtig türkisch sprechen, du Krautfresser – nicht mal türkisch kannst du."

Und ehe Dirk noch etwas sagen konnte, öffnete Erol, der Älteste in der Gruppe, das Fenster, tat, als müsse er sich frische Luft zufächeln und sagte im Brustton der Überzeugung: „Hau ab, du stinkst!"

In diesem Augenblick betrat Fräulein Schneider, die Heimleiterin, den Saal. Sie schaute Dirk freundlich an, aber der stand da wie ein begossener Pudel.

„Was ist denn heute bloß los", fragte er.

Fräulein Schneider lächelte. „Alles in Ordnung, Dirk", beruhigte sie ihn. „Wir haben eben nur ein Rollenspiel gemacht, das heißt, deine ausländischen Freunde haben einmal zeigen wollen, wie unwohl sie sich fühlen, wenn sie von den Deutschen als Außenseiter behandelt werden. Genauso unwohl, wie du dich umgekehrt eben gefühlt hast. So wie jetzt dir, ist es Nuri, Guiseppe und all den anderen aber schon oft ergangen. Weil sie eben anders ausschauen und eine andere Sprache sprechen und deswegen von den Leuten oft gehänselt oder sogar beschimpft werden. Ja, und heute haben wir den Spieß einfach mal umgedreht, denn wenn man Kränkungen am eigenen Leib erfährt, spürt man am besten, wie weh sie tun. Du, Dirk, bist halt zufällig das erste deutsche Kind gewesen, das heute ins Kinderzentrum gekommen ist. Deswegen bist du unser erstes Opfer geworden.“

Dirk staunt. Das Spiel mit den vertauschten Rollen ist tatsächlich sehr wirkungsvoll gewesen. „So was müßten wir mit vielen Leuten machen“, findet er, „mit allen, die sich den Ausländern gegenüber so blöd verhalten.“

Was meinst du dazu?

Horst Bruno Bull

Der Brief an die Tante

Man kann das verstehen. Wer das Schreiben in der Schule gelernt hat, der will unbedingt einmal ausprobieren, wie es in der Praxis geht.

Der Emil war so ein Ausprobierer!

Jedenfalls hat er sich hingesetzt, weil es draußen regnete, und wollte seiner Tante Frieda einen Brief schreiben.

Sein Freund, der Siggi, schon ein paar Klassen höher im Rang, der hat zugeschaut, was draus wird. Aus dem Brief.

(Aber jetzt bitte Ruhe! Der Emil schreibt!)

„Liebe Tante Frieda“, so hat er angefangen, „weil ich jetzt schreiben kann, schreib ich dir.“

„Unsinn“, meinte der Siggi und ahmte zunächst einmal seinen Lehrer nach:

„Lübe Künder! Deutsch ist schwer für die Deutschen!“

Dann aber hat er zu dem Emil gesagt:

„Du brauchst doch nicht zu schreiben, daß du schreiben kannst. Das sieht deine Tante doch so.“

Das leuchtete dem Emil ein, und er nahm einen neuen Briefbogen.

„Liebe Tante“, so fing er diesmal an, „wie Du siehst, bekommst Du von mir einen Brief.“

„Unmöglich!“ rief der Siggi, „du brauchst doch nicht extra zu schreiben, daß sie jetzt einen Brief bekommt. Das merkt doch deine Tante, wenn der Postbote den Brief bringt – und daß es wirklich ein Brief ist und keine Karte.“

„Du magst recht haben“, schnaufte der Emil, holte einen neuen Bogen und schrieb:

„Liebe Tante! Jetzt, wo ich schreiben kann, bekommst Du von mir den ersten Brief.“

„Wieder nix“, belehrte ihn der Siggi. „Sie hat doch von dir noch nie einen Brief bekommen. Also ist es automatisch der erste Brief, den sie von dir bekommt. Das brauchst du doch nicht besonders zu schreiben.“

„Was soll ich denn meiner Tante überhaupt schreiben?“ jammerte der Emil.

„Du willst doch einen Brief schreiben und nicht ich“, warf der Siggi ein.

Schließlich hat der Emil geschrieben:

„Liebe Tante! Gelt, da staunst, daß Du von mir etwas hörst.“

„Auweh“, rief der Siggi, „ganz aus! Die hört doch nichts von dir. Oder kannst du von hier aus so laut schreien, daß sie dich hört? Und ob sie staunen würde, wenn sie von dir tatsächlich was hört, das ist fraglich. Im allgemeinen staunt eine Tante über eine ganz ungeheuere Neuigkeit. Aber so etwas hast du nicht auf Lager."

Langsam wurmte es den Emil, daß er dem Siggi gar nichts recht machen konnte.

Schließlich nahm er den letzten Briefbogen und schrieb drauf:

„Liebe Tante Frieda! Weil das Briefschreiben so schwer ist, kann ich Dir noch keinen Brief schreiben.

Mit den allerbesten Grüßen

Dein Emil."

Heinrich Ludwig

Irmi

Kennst du die Irmi – die immer wieder in eine neue Rolle schlüpft?

„Heut bin ich ein Musikant", sagt die Irmi. „Was soll ich euch vorspielen?"

„Wenn es geht, etwas Leises", antwortet der Irmi-Bruder Andreas, der mit Stangen und Schrauben und Schräubchen hantiert, weil er ein Windrad bauen will.

Die Mama tippt auf der Schreibmaschine Briefe für einen Rechtsanwalt.

„Welches Instrument spielst du denn?" fragt sie.

„Zuerst“, sagt die Irmi, „werde ich auf dem Kamm blasen.“

Sie umwickelt einen Kamm mit Seidenpapier und bläst „Alle meine Entchen“.

„Klingt es hübsch?“ fragt sie.

„Na ja“, sagt der Andreas.

„Trompete kann ich auch“, verkündet die Irmi.

Die Rolle mit dem Küchenpapier ist sowieso fast leer. Da wickelt die Irmi die letzten Blätter herunter, und schon hat sie eine Trompete.

„Muß i denn, muß i denn zum Städtele hinaus“, spielt sie.

Es ist ein sehr trauriges Lied, weil es vom Abschied handelt.

„Hat es euch gefallen?“ will die Irmi nachher wissen.

„Es war sehr schön“, sagt die Mama. „Spiel noch ein bißchen.“

Nun macht sich die Irmi aus Tassen und Tellern ein Xylophon.

„Kling, klang, klong“, schlägt sie mit der Gabel dagegen. Später nimmt sie noch ein paar Gläser dazu. Eins geht ja dann leider kaputt, aber die Mama schimpft nicht, und die Irmi hat das ja auch nicht gewollt.

Was Stabileres müßte sie finden! Ganz hinten im Schrank stehen die alten Aluminiumtöpfe.

„Darf ich?“ fragt die Irmi.

„Ja“, sagt die Mama zerstreut.

Da haut die Irmi die Topfdeckel gegeneinander, daß es nur so scheppert. Und das ist richtig toll.

„Ich muß noch mal weg", sagt der Andreas.

Die Mama lacht. Und als der Herr Wittrich von nebenan klingelt und sich beschwert, weil es so laut ist, sagt die Mama: „Bitte nicht schimpfen, es kommt ja nicht alle Tage vor: Aber heute ist mein Kind ein Musikant."

Gina Ruck-Pauquèt

Der Fernsehstar

Christian war über Nacht zum Fernsehstar geworden. Er hatte zwar keine besonderen Fähigkeiten für so eine Rolle, aber nach seiner Beteiligung an einem Preisausschreiben der Firma Putzi-Schokolade lud man ihn als Gewinner ins Studio ein. Er bekam ein nagelneues Rennrad und sollte vor der Kamera einen kleinen Spruch für die Fernsehzuschauer loslassen. Der würde hier aufgezeichnet werden und zu einem späteren Zeitpunkt im Werbefernsehen in einem Film zu sehen sein.

Christian sollte einfach nur sagen: „Mmmhh! Putzi-Schokolade, die schmeckt! Schnapp dir einen Riegel!" Gleichzeitig mußte er herzhaft in so einen Riegel hineinbeißen und den Kindern vor dem Fernseher das Stück Schokolade zeigen.

Christian fand das alles ziemlich blöd. Doch seine Eltern und alle, die ihn kannten, waren mächtig stolz auf seinen ersten Fernsehauftritt. Und so stand er nun vor der Kamera, die Schokolade in der Hand und wartete auf seinen Einsatz.

Im Studio war was los. Ein kleiner dicker Mann mit einer roten Nase und Hamsterbacken lief aufgeregt hin und her, wiederholte noch einmal Christians Text und rief: „Achtung Aufnahme! Kamera läuft!" Eine Holzklappe fiel, und Christian begann zu reden:

„Hmm! Putzi-Schokolade, die schmeckt! Schnapp . . ."

„Halt, halt!" unterbrach ihn der Dicke. „Du hast vergessen, in die Schokolade zu beißen. Los, noch einmal!"

„Achtung Aufnahme! Kamera läuft!"

Die Klappe fiel, und Christian begann von vorn: „Schnapp dir einen Riegel! Hmmhh, Putzi mmpf mmpf!" Er zeigte den Schokoladenriegel und biß hinein.

„Du hast den Spruch verdreht!" brüllte der Mann dazwischen. „Und sprich nicht so undeutlich beim Kauen!"

Kurz darauf gab's den nächsten Versuch. Christian begann: „Hmmhh, Schnappsi-Schokolade, die putzt! Schmeck . . ."

„Aufhören!" tobte der Dicke. „Das war doch völlig falsch!" Er holte ein großes Tuch aus der Tasche und wischte sich den Schweiß vom Gesicht. Der Mann war inzwischen vor Zorn krebsrot geworden. Aber bald hatte er sich wieder gefaßt und redete mit ruhiger Stimme auf Christian ein: „Mein süßer Kleiner! Jetzt hör mir noch mal genau zu!"

Er legte freundschaftlich seinen Arm um die Schultern des Jungen.

„Ich bin nicht Ihr süßer Kleiner!“ rief Christian zornig und fand an dem dummen Spiel kaum noch Gefallen.

Eigentlich mochte er diese komische Schokolade auch gar nicht. Aber der Mann redete ihm den Text noch einmal vor, und sie wollten es wieder versuchen.

Die Kamera lief, und Christian begann zu sprechen: „Hmmhh, Putzi-Schokolade, die schmeckt! Schnapp dir einen Riegel!“

Der Dicke war in sich zusammengesunken und sagte ganz ruhig: „Du hast vergessen, den Fernsehzuschauern die Schokolade hinzuhalten.“ Und schluchzend rief er immer wieder: „Womit habe ich diesen Jungen verdient? Was habe ich nur verbrochen, daß ich diese Aufnahme machen muß?“

Christian hatte allerdings auch die Nase von Putzi-Schokolade und dem ganzen Kram voll. Und als er sah, wie die große Tafel Schokolade vom heißen Scheinwerferlicht schon ziemlich aufgeweicht war, patschte er voll mit den Händen hinein und drückte ein großes Stück auf das Objektiv der Kamera.

Dann schwang er sich auf sein Rennrad und fuhr fröhlich pfeifend nach Hause.

In der darauffolgenden Zeit schauten sich Christians Eltern und Bekannte häufig das Werbefernsehen an. Sie wunderten sich allerdings sehr, daß der Putzi-Film mit Christian nicht gezeigt wurde.

Klaus Hoffmann

Tims Wolke

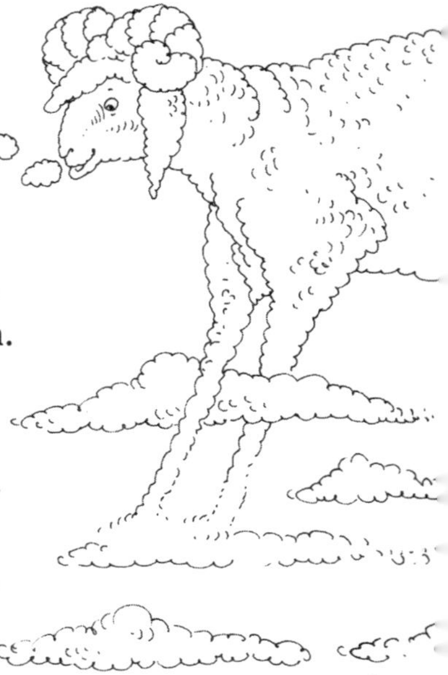

Tim hat eine Wolke,
die kann vielerlei sein.
Manchmal ist sie ein Tier.
Manchmal ist sie aus Stein.

An stillen Tagen
sieht sie aus wie ein Schaf.
Dann ist sie aus Wolle
und ist lieb und sehr brav.

An wilden Tagen
sieht sie aus wie ein Gaul.
Sie hat eine Mähne
und ein ganz weiches Maul.

An trüben Tagen
sieht sie aus wie ein Haus.
Aus dem Schornstein da fliegt
eine Rauchfahne raus.

An warmen Tagen
sieht sie aus wie ein Hund.
Sie hat schneeweißes Fell
und der Bauch ist hübsch rund.

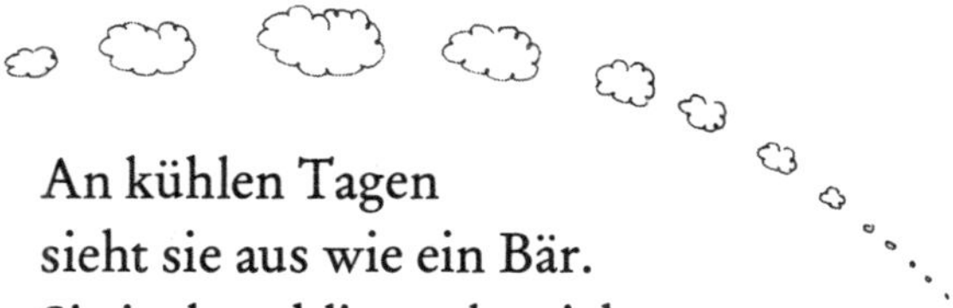

An kühlen Tagen
sieht sie aus wie ein Bär.
Sie ist kuschlig und weich,
und das mag Tim schon sehr.

An hellen Tagen
sieht sie aus wie ein Kreis.
Außen ist sie rosig
und innen wolkenweiß.

An Frühlingstagen
sieht sie aus wie ein Spatz.
Sie hat einen Schnabel
so groß wie ein Ratz.

An Sommertagen
sieht sie aus wie ein Kahn.
Sie fährt übern Himmel,
doch sie stößt nirgends an.

An Tagen im Herbst
sieht sie aus wie ein Schwein.
Sie hat rosa Ohren
und ein rosanes Bein.

An Wintertagen
sieht sie aus wie ein Tor.
Sie ist grau-grau gestreift
und ein Ball liegt davor.

An manchen Tagen
sieht sie aus wie ein Baum.
Am Stamm liegen Äpfel
Oben drauf sitzt ein Traum.

Eva Marder

Der Frieden

Die Angst vor Streit und Haß und Krieg
läßt viele oft nicht ruhn.
Doch wenn man Frieden haben will,
muß man ihn selber tun.
Der Frieden wächst, wie Rosen blühn,
so bunt, so schön und still.
Er fängt bei uns zu Hause an,
bei jedem, der ihn will.
Vom Frieden reden hilft nicht viel,
auch nicht, daß man marschiert.
Er kommt wie Lachen, Dank und Traum,
schon wenn man ihn probiert.
Man braucht zum Frieden Liebe,
natürlich auch Verstand,
und wo es was zu heilen gibt:
jede Hand.

Eva Rechlin

Warum es keinen Krieg geben kann

Zwischen zwei Völkern drohte ein Krieg auszubrechen. Auf beiden Seiten der Grenze lagerten sich die Heere. Auf beiden Seiten schickten die Feldherren Kundschafter aus. Sie sollten herausfinden, wo man am leichtesten in das Nachbarland einfallen könnte. Beide Kundschafter kehrten zurück und berichteten ihren Feldherren:

Es gibt nur eine einzige Stelle an der Grenze, wo wir in das andere Land einfallen können. Überall sonst sind hohe Gebirge und tiefe Flüsse. An dieser Stelle aber, so erzählten sie, hat ein Bauer sein Feld. Er wohnt dort in einem kleinen Haus mit seiner Frau und mit seinem Kind. Sie haben sich lieb. Sie sind glücklich. Ja, es heißt, sie sind die glücklichsten Menschen der Welt. Wenn wir über das kleine Feld ins Feindesland einmarschieren, zerstören wir das Glück. Also – so sagten die Kundschafter – kann es keinen Krieg geben.

Das sahen die Feldherren dann auch wohl oder übel ein, und der Krieg fand nicht statt – wie jeder Mensch begreifen wird.

Ernst Penzoldt

Erntedankfest

„Was ist denn heute los?“ fragt der Apfel neugierig seine Freundin, die Birne vom Nachbarbaum.

Aber die Birne hört ihn nicht, denn die muß aufpassen, was da gerade zu ihren Füßen passiert. Sie starrt auf die beiden Buben herunter, auf Franz und Moritz, die eben eine Leiter an den Stamm des Apfelbaumes lehnen. Das wäre nichts Besonderes, denn die beiden kommen oft zu den Obstbäumen heraus. Nur benehmen sie sich sonst nicht so umständlich. Statt auf den Apfelbaum zu klettern, stehen sie heute unten und schauen nur immer wieder die Äste an.

„Schau, Franz“, ruft der Moritz, „den Apfel ganz oben, den holen wir, den mit den schönen roten Backen!“ Und er zeigt auf einen glänzenden großen Apfel.

„Gut“, sagt Franz. „Und die Birne ganz rechts außen auch. Die schaut so gesund und saftig aus.“

„Die allerschönsten müssen es sein“, meint Moritz. Dann steigen sie endlich auf den Apfelbaum.

„Die Buben sind doch sonst nicht so wählerisch?“ denkt die Birne und schüttelt sich erstaunt, so daß der Ast, an dem sie hängt, leicht hin und her schwankt.

„Schläfst du, Freundin?“ hört sie plötzlich den Apfel fragen.

„Nein! Nein!“ ruft die Birne. „Ich denke nur nach. Weißt du, wofür die Buben unsere Geschwister holen? Sie haben sich heute so sonderbar benommen.“

„Für ein Fest“, erklärt der Apfel. „Für das Erntedankfest.“

„Ernte-Dank-Fest?“ fragt die Birne. Dann sinniert sie vor sich hin: „Ernte? Stimmt! Wir sind reif, gerade richtig zum Reinbeißen. Das ist schon ein Grund zum Feiern. Aber danken? Wem wollen sie danken?“

„Hm“, brummt der Apfel. „Vielleicht dem Vater? Der hat die Bäume gegossen, wenn es nicht geregnet hat.“

„Ja, aber der ißt die Äpfel und Birnen doch selber gern, deshalb pflegt er die Bäume auch so gut“, sagt die Birne.

„Dann danken sie vielleicht dem Großvater, der die Bäume gepflanzt hat?“ meint der Apfel.

„Der wohnt doch in einer ganz anderen Stadt. Außerdem hat er uns als kleine Bäumchen beim Gärtner gekauft.“

„Jetzt hab' ich's!“ ruft der Apfel. „Dem Gärtner wollen sie danken.“

„Unsinn“, lacht die Birne. „Der hat doch Geld dafür bekommen.“

„Stimmt!“ muß der Apfel zugeben. „Aber wer ist dann so wichtig, daß ihm die Buben mit den schönsten Früchten danken wollen?“

Lange ist nichts zu hören. Der Abendwind bewegt leise die Blätter, und der Mond lugt hinter den Wolken hervor.

„Hör zu“, überlegt schließlich die Birne: „Wer hat dem Apfelkern und dem Birnenkern gesagt, daß sie wachsen und große Bäume mit vielen Früchten werden sollen? Vielleicht wollen sie dem danken!?“

Anna Marks

Es reift so viel Weizen

Es reift so viel Weizen in Kanada.
Wie viele macht er satt
von den schönen braunhäutigen Kindern da,
in Bombay und Heiderabad.
Doch wird er für sie nicht gemahlen.
Sie können ihn nicht bezahlen.

Es reifen auf Erden die Früchte am Baum
mit duftenden Blüten im Mai.
Doch sahen so viele die Früchte kaum
in Chile und Paraguay.
Viel Früchte so hoch aufgeschichtet,
sie werden von Menschen vernichtet.

Wir haben die Frucht und das Korn angebaut
und reich gemacht Garten und Feld.
Doch es hungern in Bagdad und Hadramaut
noch immer die Kinder der Welt.
Wir könnten den Hunger schon heilen.
Nur müßt' man besser verteilen.

James Krüss

Beim Herrn Weber trampelt's!

Herr Weber hält sich den Kopf, seit einer Stunde. Er kann nicht lesen, er kann nicht Radio hören, er kann nicht einmal in Ruhe seine Pfeife rauchen, denn da ist keine Ruhe. Über seinem Kopf, da trampeln seit einer Stunde die Kinder vom zweiten Stock. Es sind ja bloß drei, das weiß der Herr Weber, aber es hört sich an, als wären es zehn.

Herr Weber stöhnt auf. Dann holt er den Besen und stößt ihn gegen die Decke, dreimal laut und deutlich. Und er lauscht. Eine Weile ist es still, und dann trampeln sie wieder. Und wie.

„Aufhören!" Herr Weber hebt wieder den Besenstiel und stößt noch mal gegen die Decke. Wieder ist es eine Weile still, und dann geht es wieder los, das Getrampel.

Was machen die denn da nur? Herr Weber schüttelt den Kopf. Dann stellt er den Besenstiel in die Ecke, und dann steigt er hoch in den zweiten Stock. Das Treppensteigen fällt ihm nicht leicht, er ist ja schon alt, und er schnauft gewaltig. Er klingelt.

Ein Kind macht auf, ein Bub.

„Hört auf", sagt Herr Weber und schnauft immer noch, „mir fällt ja die Decke auf den Kopf!"

„Womit denn?" fragt der Bub und schaut zu dem schnaufenden Herrn Weber hoch.

„Mit dem Trampeln!" sagt Herr Weber und wischt sich mit seinem Taschentuch die Stirn.

„Wir trampeln nicht, wir spielen", sagt der Bub.

„Spielt woanders!“ sagt Herr Weber.

„Wo denn?“ fragt der Bub und schließt die Tür.

Herr Weber schnauft tief auf, und dann steigt er die Treppen wieder abwärts.

„Wo denn?“ murmelt er vor sich hin. „Wo denn!“ Dumme Frage, auf dem Spielplatz natürlich oder sonstwo. Und er geht in seine Wohnung, und da macht er das Fenster auf, im Wohnzimmer, und schaut raus. Auf eine Straße und auf einen Parkplatz. Kein Spielplatz, kein sonstwo. Das sieht man. Herr Weber schlurft in seine Küche und macht da das Fenster auf und schaut raus. Ein Hinterhof, mit einer Teppichstange drin und einem klitzekleinen Blumenbeet. Ein großes Schild hängt an der Mauer, und Herr Weber liest, was er schon oft gelesen hat: Das Spielen auf dem Hof ist untersagt. Die Hausverwaltung.

Herr Weber schüttelt den Kopf und macht das Fenster wieder zu. „Wo denn“, murmelt er vor sich hin und schrickt zusammen, weil's über ihm wieder trampelt – und wie. Und dann schlurft er aufs Klo und setzt sich hin, weil's da über ihm nicht trampelt.

Und er denkt nach. Der Bub hat recht. Wo sollen sie denn spielen? Im Hof dürfen sie nicht, und auf der Straße geht's nicht, und auf dem Parkplatz schon gar nicht. Und weit und breit kein Spielplatz!

„Ja, wo denn?“ murmelt der Herr Weber vor sich hin und zieht trübe an der Wasserspülung und reißt ein Stück Klopapier ab und knüllt es zwischen seinen Fingern, und da hat er eine Idee.

Er schlurft die Treppen wieder hoch und klingelt. Dreimal. Der Bub macht auf.

„Mitkommen!" schnauft der Herr Weber, „alle drei! Quartett spielen! Bei mir!" Und er wischt sich mit seinem Taschentuch die Stirn.

„Klasse!" brüllt der Bub, und „herkommen" brüllt er ins Kinderzimmer, und dann sausen die drei Kinder die Treppe abwärts zur Wohnung vom Herrn Weber.

Und der Herr Weber schnauft hinterher, und dann sitzen sie im Wohnzimmer vom Herrn Weber und teilen die Karten aus.

Und über dem Kopf vom Herrn Weber ist Ruhe. Da trampelt niemand mehr. Für heute!

Gudrun Mebs

Herr Böse und Herr Streit

Es war einmal ein großer Apfelbaum. Der stand genau auf der Grenze zwischen zwei Gärten. Und der eine Garten gehörte Herrn Böse und der andere Herrn Streit.

Als im Oktober die Äpfel reif wurden, holte Herr Böse mitten in der Nacht seine Leiter aus dem Keller und stieg heimlich und leise-leise auf den Baum und pflückte alle Äpfel ab. Als Herr Streit am nächsten Tag ernten wollte, war kein einziger Apfel mehr am Baum. „Warte!" sagte Herr Streit. „Dir werd' ich's heimzahlen!"

Und im nächsten Jahr pflückte Herr Streit die Äpfel schon im September ab, obwohl sie noch gar nicht reif waren. „Warte!“ sagte Herr Böse. „Dir werd’ ich’s heimzahlen!“

Und im nächsten Jahr pflückte Herr Böse die Äpfel schon im August, obwohl sie noch ganz grün waren.

„Warte!“ sagte Herr Streit. „Dir werd’ ich’s heimzahlen!“

Und im nächsten Jahr pflückte Herr Streit die Äpfel schon im Juli, obwohl sie noch ganz grün und hart und sooo klein waren.

„Warte!“ sagte Herr Böse. „Dir werd’ ich’s heimzahlen!“

Und im nächsten Jahr pflückte Herr Böse die Äpfel schon im Juni, obwohl sie noch so klein wie Rosinen waren.

„Warte!“ sagte Herr Streit. „Dir werd’ ich’s heimzahlen!“

Und im nächsten Jahr schlug Herr Streit im Mai alle Blüten ab, so daß der Baum überhaupt keine Früchte mehr trug.

„Warte!“ sagte Herr Böse. „Dir werd’ ich’s heimzahlen!“

Und im nächsten Jahr schlug Herr Böse den Baum mit einer Axt um. „So“, sagte Herr Böse, „jetzt hat Herr Streit seine Strafe.“

Von da ab trafen sie sich häufiger im Laden beim Äpfelkaufen.

Heinrich Hannover

Apfel-Kantate

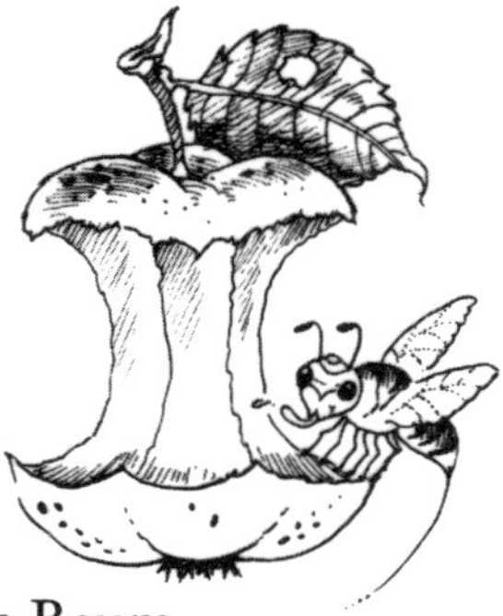

Der Apfel war nicht gleich am Baum.
Da war erst lauter Blüte.
Da war erst lauter Blütenschaum.
Da war erst lauter Frühlingstraum
und lauter Lieb und Güte.

Dann waren Blätter grün an grün
und grün an grün nur Blätter.
Die Amsel nach des Tages Mühn,
sie sang ihr Abendlied gar kühn –
und auch bei Regenwetter.

Der Herbst, der macht die Blätter steif.
Der Sommer muß sich packen.
Hei! Daß ich auf dem Finger pfeif:
da sind die ersten Äpfel reif
und haben rote Backen!

Und haben Backen rund und rot
und hängen da und nicken.
Und sind das lichte Himmelsbrot.
Wir haben unsre liebe Not,
daß wir sie alle pflücken.

Und was bei Sonn und Himmel war,
erquickt nun Mund und Magen
und macht die Augen hell und klar.
So rundet sich das Apfeljahr.
Und mehr ist nicht zu sagen.

Hermann Claudius

Ich will einmal die Uhr am Turm anfassen

Traudl und Fleckerl sind im Park. Fleckerl ist Traudls schwarzweißer Hund. Im Park ist es langweilig. Es regnet. Nur eine Frau mit einem Kind ist da. Und eine Krähe. Traudl läßt Fleckerl frei laufen. Er jagt die Krähe. Dann läuft er zu der Frau, die das Kind an der Hand hält.

„Hörst du, wie der Hund durch die Pfützen tapst?" fragt die Frau das Kind.

„Ja, ich höre es", sagt das Kind. Es steht da und lauscht. Traudl hört auch, wie Fleckerl über das nasse Gras rennt, obwohl sie sonst nie auf dieses Geräusch achtet.

„Darf ich den Hund anfassen?" fragt das Kind.

„Ich weiß nicht", sagt die Frau. „Vielleicht beißt der Hund."

„Fleckerl beißt nicht. Er ist lieb", sagt Traudl. Sie bückt sich und hält Fleckerl am Halsband fest.

Das Kind lacht und streckt suchend seine beiden Hände aus. „Wo ist denn der Hund?“

„Hier ist er“, sagt Traudl. „Kannst du ihn denn nicht sehen?“

„Nein, das kann er nicht“, sagt die Frau. Sie nimmt die rechte Hand des Kindes und legt sie auf Fleckerls Fell.

Das Gesicht des Kindes ist dem von Traudl ganz nah. Sie kann seine Augen sehen. Sie sind leer, ganz leer. Solche Augen hat Traudl noch nie gesehen.

„Fleckerl“, lacht das Kind und streichelt das Fell des Hundes. Und es beißt sich in die linke Hand. Ganz fest, Traudl sieht es.

„Das macht er immer, wenn er sich freut“, sagt die Frau.

„Ist der Hund klein oder groß?“ fragt das Kind.

Traudl schaut Fleckerl an. „Er ist nicht klein, und groß ist er auch nicht.“ Sie nimmt die Hände des Kindes und führt sie über den Rücken zum Schwanz. Fleckerl knurrt nicht. Er knurrt auch nicht, als das Kind seine Hände auf die Schnauze legt.

„Die ist aber sehr naß“, sagt das Kind.

Die Kirchturmuhr schlägt viermal. Das Kind hebt den Kopf und lauscht. „Es ist vier Uhr!“

„Ja“, sagt Traudl. Vom Park aus kann sie die goldenen Ziffern und Zeiger der Uhr sehen.

„Ich will einmal die Uhr am Turm anfassen“, sagt das Kind.

„Das geht nicht“, sagt die Frau. „Du weißt doch, daß sie zu hoch ist.“

Das Kind streckt seine Hand tastend nach Traudl aus. „Wie heißt du?"

„Traudl", sagt Traudl. „Und wie heißt du?"

„Ich heiße Walter, und ich bin sieben Jahre alt und wohne am Sandweg Nummer zwölf."

„Und ich wohne Sandweg Nummer neununddreißig", sagt Traudl. Sie bohrt mit ihrer Schuhspitze ein Loch in den Boden.

„Wir müssen jetzt gehen", sagt die Frau.

„Ich auch", sagt Traudl. Sie geht neben der Frau und Walter.

„Ist der Hund auch da?" fragt Walter.

„Ja", sagt Traudl. „Willst du ihn mal an der Leine halten?" Sie gibt ihm die Leine in die rechte Hand.

„Ich habe noch nie einen Hund an der Leine gehalten", sagt Walter. „Aber ich habe zu Hause ein Kaninchen."

„Ich habe kein Kaninchen", sagt Traudl. „Aber ich wünsche mir schon lange eins."

„Wenn du willst, kannst du meins mal streicheln", sagt Walter. „Willst du?"

„Ja", sagt Traudl.

Ursula Fuchs

Warum Franz Irene heißt

Familie Rabe saß auf der Überlandleitung. Frau Rabe saß links von ihrem Sohn Franz und Herr Rabe rechts von ihm. Der Wind zauste in ihrem blauschwarzen Gefieder, und alle drei zogen den Kopf noch ein wenig tiefer zwischen die Flügel.

„Krrrock", krächzte Frau Rabe, und Herr Rabe antwortete: „Krrrack-krrrack."

Dann hörte man nur noch den Wind und das Summen der Überlandleitung. Plötzlich hob Franz den Kopf und krächzte: „Pa, woran erkennt man Mädchen?"

Herr Rabe tat, als hätte er nichts gehört, deshalb antwortete Frau Rabe für ihn: „An der Stimme, mein Sohn."

„Aber alle Raben krächzen mit gleich tiefer Stimme."

„Schon, Franz, aber das ist nicht das einzige Erkennungsmerkmal. Rabenmädchen sind kleiner als Rabenbuben."

„So klein wie Krähen?"

Ärgerlich unterbrach ihn Vater Rabe und krächzte:

„Also nun verwechsele du mir nicht auch noch Krähen mit Raben. Krähen krächzen „krääääh" – deshalb heißen sie auch Krähen, und Raben krächzen „krrrock" und „krrrack".

Der Wind war stärker geworden, und Familie Rabe hatte alle Füße voll zu tun, um sich auf der schwankenden Überlandleitung festzukrallen.

„Hoffentlich gibt's keinen Regen", versuchte Vater Rabe abzulenken. Doch sein Sohn Franz ging darauf nicht ein. Er krächzte:

„Pa, und woran erkennt man nun ein Rabenmädchen?"

„Ganz einfach, mein Sohn, Rabenmädchen legen Eier."

„Schon, Pa, das weiß ich auch. Aber wie erkenne ich nun ein Rabenmädchen, wenn es gerade keine Eier legt?"

Vater Rabe schien auf diese Frage vorbereitet zu sein, denn er antwortete, ohne lange zu überlegen:

„Dann fragst du die anderen Raben, ob das ein Mädchen ist."

Franz nickte verständnisvoll. Doch dann kam ihm ein neuer Gedanke:

„Pa, und was ist, wenn kein Rabe in der Nähe ist, den ich fragen kann?"

„Dann fragst du die Eltern von dem Mädchen", schlug Frau Rabe vor.

„Und woher wissen die, daß das Rabenmädchen ein Mädchen ist?"

„Eltern wissen das!" klärte ihn Frau Rabe auf und nickte ihrem Mann verständnisvoll zu.

Doch Franz schien immer noch nicht zufrieden. So faßte er sich ein Herz und fragte zögernd:

„Und die Eltern vertun sich nie?"

„Nein, mein Sohn, nie!" antworteten Herr und Frau Rabe wie aus einem Schnabel.

Eine Woche später hatte Franz ganz furchtbare Bauchschmerzen. Frau Rabe meinte:

„Es sind die Regenwürmer. Du schlingst zu schnell!"

Aber dann legte Franz ein Ei und heißt seitdem Irene.

Helme Heine

Der Herbst

Ich bin, das läßt sich nicht bestreiten,
die herbste aller Jahreszeiten:
Rauhe Winde, scharf wie Säbel,
welke Wälder, graue Nebel.
Die Vögel klagen leise, leise
und gehen auf die Winterreise.
Dann lischt die Sommersonne aus.
Holt eure Gummischuhe raus!

Mascha Kaléko

Ein lausiger Tag

Es war ein grauer Tag. Ein lausiger Tag. Von den Bäumen tropfte der Regen. Aus den Wänden kroch die Langeweile und machte sich im Zimmer breit. Till kannte solche Tage, wo ihm alles zuwider war. Und heute war einer davon. Nichts geschah. Nichts fiel ihm ein. Er saß einfach rum.

Als der Regen aufhörte zu regnen, ging Till hinaus. Doch die Langeweile ging mit. Sie klebte an seinen Schuhen. Sie hing in seinem Haar. Ob er drinnen oder draußen war, es blieb derselbe lausige Tag.

Der Wind verschob Wolken, ließ die Sonne durch. Till stand am Zaun und zählte Regentropfen. Das tat er manchmal an solchen Tagen. Er zählte die Pfützen auf dem Weg. Er zählte die Spatzen in der Dachrinne.

Die Sonne spannte einen Regenbogen über den Himmel. Till sah nicht einmal hin. Er zählte die Grashalme rund um das Beet. Er zählte die Fliegen am Fenster. Er zählte die Fäden im Spinnennetz. Und er hätte sicher noch mehr gezählt. Doch im Haus gegenüber ging die Tür auf, und Sanne steckte die Nase raus.

„Riecht gut“, sagte sie.

„Riecht doof“, entgegnete Till. „Sieht doof aus. Kein Wunder an so einem Tag.“

„Was ist los?“ fragte Sanne. „Du siehst total verregnet aus.“ Und schon lief sie über die Straße.

„Nichts ist los“, sagte Till. „Das ist es ja. Nie passiert irgendwas.“

„Es passiert pausenlos was“, meinte Sanne. „Gestern haben sie in der Herbststraße einen Drachen steigen lassen. Am Markt steht ein Mann mit dressierten Flöhen, und am Bahnhof ist ein Zug angekommen – einer mit einem Tiger.“

„Erzähl was anderes“, sagte Till. „Etwas, das so hoch ist wie ein Haus.“ Seit er nicht mehr allein war, fühlte er sich ein gutes Stück besser.

Sanne legte den Kopf zurück und sah zu den Dächern hinauf. Und auf einem davon saß eine rote Katze. So hoch wie ein Haus war sie freilich nicht – aber bei ihrem Anblick fiel Sanne was ein.

„Ich weiß etwas, was du nicht weißt“, sagte sie. „Es ist größer als ein Floh und kleiner als ein Tiger. Und die Frau in unserm Haus will es verschenken.“

„Verschenken?“ fragte Till. Das konnte nur ein Tier sein. „Hat es Fell oder Federn?“ fragte er. „Hat es Pfoten oder ...“

„So genau hab' ich nicht hingeschaut", sagte Sanne. „Aber eins hat sie übrig, und das will sie verschenken."

Till dachte ganz scharf nach. „Ich weiß, was es ist", sagte er nach einer Weile. „Ein Hund oder eine Katze."

Aber Sanne lachte nur. „Das gilt nicht", sagte sie. „Man darf nur ein Tier nennen. Das haben wir ausgemacht."

„Gut", sagte Till, und er machte die Augen fest zu. „Eine Katze", sagte er, „eine kleine schwarze Katze." Denn so eine wünschte er sich schon lange.

„Richtig geraten", sagte Sanne. „Wenn du willst, kannst du sie gleich haben."

„Das nennt man Glück", sagte Till. Es war also doch kein lausiger Tag. Es war ein schöner Tag. Einer von den allerschönsten.

Eva Marder

Opa

Wenn Papa und Mama manchmal am Abend weggehen, dann kommt immer Opa zu uns zum Aufpassen, sagen sie. Dabei passen ja wir auf Opa auf, weil Mama gesagt hat, er darf nicht rauchen, der Doktor hätte es verboten. Opa sagt, der Doktor spinnt, er sei nämlich ganz gesund. Und darum haben wir ein Abkommen gemacht. Opa darf eine Zigarre rauchen, und wir dürfen eine Stunde länger aufbleiben.

Das ist gut so, denn sonst wäre die Zeit viel zu kurz, um alles zu erledigen, was wir vorhaben. Zuerst zeigen wir ihm unsere neuen Kunststücke: Karola kann jetzt den Purzelbaum auch rückwärts; Franz fällt beim Kopfstand nur noch halb soviel um, und ich kann seit letzter Woche ein Rad schlagen. Aber dafür ist unsere Wohnung zu klein, darum kann ich Opa nur erzählen, wie es geht, und er bewundert mich sehr, weil er das Rad selber nie gekonnt hat. Im Sommer werde ich es ihm auf der Wiese vormachen.

Heute haben wir ihm das Lied beigebracht:

Fuchs, du hast die Gans gestohlen,
Gib sie wieder her,
Gib sie wieder her,
Sonst wird dich der Jäger holen
Mit dem Schießgewehr.

Franz hat den Fuchs gemacht, Karola die Gans und Opa den Jäger, denn Opa ist früher mal Großwildjäger gewesen, sagt er. Als wir es Mama erzählt haben, hat sie nur gelacht und gesagt:

Ja, ja, der Opa!

Aber eines ist sicher, Opa weiß, wie man auf Elefanten reitet, denn wenn er uns auf die Knie nimmt, alle drei

hintereinander, weil ein Elefant einen großen Rücken hat, dann läßt er uns reiten wie auf einem Elefanten.

Hoppe, hoppe Reiter,
der Elefant zieht weiter,
er geht bis nach Afghanistan,
da zieht er frische Socken an,
die alten zieht er aus
und schmeißt sie aus dem Haus.

Und dabei schubst er uns alle der Reihe nach auf den Boden. Manchmal reiten wir mit ihm so lange, bis er nicht mehr kann. Dann sagt er: Gehts runta von meine Knia, di brauch i no a Zeitlang. Aber zum Schluß macht er mit jedem noch einmal das Dromedar.

Und das geht so:

Trippel-trappel Dromedar,
das Dromedar hat braune Haar,
die Mutter, die hat schwarze,
der Opa, der hat keine mehr,
und trotzdem geht er zum Frisör,
der schmiert ihm seine Glatze
mit vielen guten Salben ein,
drum riecht der Opa gar so fein.

Da fahren wir dem Opa über seine Glatze, und jeder gibt ihm mittendrauf einen dicken Kuß.

Hubert Endhardt

Novembertag

Nebel hängt wie Rauch ums Haus,
drängt die Welt nach innen;
ohne Not geht niemand aus,
alles fällt in Sinnen.

Leiser wird die Hand, der Mund,
stiller die Gebärde.
Heimlich, wie auf Meeresgrund,
träumen Mensch und Erde.

Christian Morgenstern

Die Pelzkappe voll mit schneeigen Tupfen

Hast du mir was mitgebracht?

Tante Bärbel kommt zu Besuch. Darauf freut sich der Ulli schon, denn Tante Bärbel kommt selten. Und Tante Bärbel ist lustig, meistens jedenfalls.

Als es klingelt, stürzt der Ulli zur Tür – das kann nur Tante Bärbel sein. Und richtig, sie ist es auch.

Und schon ruft er ihr entgegen: „Hast du mir was mitgebracht?"

„Klar", sagt die Tante, „schönes Wetter!" Und sie schlüpft aus ihrem Mantel.

„Was?" der Ulli steht verblüfft. Da wuschelt ihm auch schon die Tante durchs Haar, beugt sich zu ihm runter und fragt: „Willst du mir nicht grüß Gott sagen, Herzensneffe?"

Der Herzensneffe, das ist der Ulli, und sicher will er grüß Gott sagen. Er schüttelt fest die Hand der Tante und sagt artig: „Grüß Gott, Tante Bärbel, hast du mir was mitgebracht?"

„Grüß Gott, Herzensneffe", sagt die Tante und schüttelt auch Ullis Hand, „du bist ja schon wieder gewachsen. Aber sonst geht's dir gut?"

„Klar", sagt Ulli und schielt nach Tantes Tasche, „wachsen tut doch nicht weh! Was hast du mir denn mitgebracht?"

„Schönes Wetter", sagt die Tante noch mal und lacht dabei.

Ulli lacht mit, ein bißchen. Schönes Wetter bringt man

doch nicht mit, schönes Wetter ist doch sowieso, wenn schönes Wetter ist! Und er bleibt hartnäckig: „Tante, jetzt sag halt, was hast du mir denn mitgebracht? Jetzt zeig mir doch mal mein Geschenk!“ Und er setzt noch ein braves „Bitte schön“ hinzu.

„Ja, wieso?“ wundert sich die Tante, „hast du denn Geburtstag?“

Blödsinn, die Tante weiß doch genau, daß sein Geburtstag erst im übernächsten Monat ist, und das sagt er ihr auch.

„Ja, dann“, sagt die Tante und hängt ihren Mantel auf, „wenn du keinen Geburtstag hast, warum willst du denn dann heute ein Geschenk?“

Ulli ist verblüfft. Die Tante ist aber komisch. Man kriegt doch immer was mitgebracht, wenn Besuch kommt, immer. Das ist doch klar. Das ist einfach so. Und das erklärt er auch der Tante und schiebt sich dabei langsam an ihre Tasche heran. Sicher macht die Tante Spaß und hat das Mitbringsel in der Tasche versteckt.

„Schau ruhig rein“, sagt die Tante, „da wirst du nichts drin finden.“

Und so ist es auch ... Kamm, Geldbeutel, Hausschlüssel, Tempotaschentücher und zwei Äpfel. Aber kein Geschenk. Ulli ist enttäuscht.

Da sagt die Tante: „Komm mal mit“, und sie nimmt den Ulli an der Hand und führt ihn in sein Kinderzimmer. Und da stapelt es sich: Legosteine, eimerweise, Eisenbahn, zwei Meter lang, bunte Bauklötze, Autos, große, kleine, aus Blech und aus Plastik, Bilderbücher, Tiere aus

Plüsch, aus Filz, ein ganzer Zoo, zwei Teddybären sind auch dabei, Bälle, fünf, sechs Stück, Spiele, zerrissene und heile, Malfarben, Zeichenblöcke, eine Ritterburg und Haufen von Indianern, Märchenschallplatten, Kasperlefiguren, ein Krokodil ohne Schwanz, Gummitiere, mit und ohne Luft und . . . und . . . und.

„Siehste", sagt die Tante.

„Was heißt siehste", empört sich Ulli, „das ist alles mein Spielzeug."

„Eben", sagt die Tante, „ich meine, das reicht!"

„Was?" fragt der Ulli.

„Na, zum Spielen", sagt die Tante, „ich meine, du hast genug!"

„Ja aber . . ." erwidert Ulli, und dann weiß er nicht mehr weiter.

„Siehste", sagt die Tante noch mal. Und dann setzt sie sich auf den Boden, mitten in den Haufen Indianer und zieht Ulli neben sich. „Und darum sag ich dir jetzt was!"

„Was?" will Ulli wissen. „Kommt jetzt mein Geschenk?"

„Ja", sagt die Tante, „jetzt kommt dein Geschenk. Ich hab' dir nämlich doch was mitgebracht. Kein Auto, kein Gummitier, keinen Ball und auch keine neuen Legosteine. Ich schenke dir ganz einfach eine Stunde mit Tante Bärbel. Ich spiele mit dir, was du willst, wo du willst und wie du willst." Und sie steht feierlich auf: „Ich überreiche dir eine Stunde Zeit, Schleifchen drum und hübsch verpackt. Na?"

Ulli staunt. Und dann lacht er. Zeit kann man doch

nicht einpacken, da kann man doch keine Schleife drumwickeln, und auspacken kann man sie schon gar nicht. Und er muß noch mehr lachen, und die Tante lacht auch und fragt noch mal: „Na?“

„Prima“, sagt Ulli, „das Geschenk gefällt mir.“ Und er rennt zur Kinderzimmertür, macht sie fest zu und schreit: „Nun packe ich die Zeit von der Tante Bärbel aus, und dann wird gespielt, juchhu!“

Und wenige Minuten später sitzen die zwei am Boden und lassen die Indianer in den Zoo einmarschieren.

Gudrun Mebs

Laut und Leise

Laut und Leise stritten sich, wer von beiden wohl am besten zu verstehen sei.

Da zweifelst du noch, du Flüstertüte, höhnte Laut. Hörst du nicht, wie kraftvoll meine Stimme erschallt? Ich kann brüllen wie ein Stier und toben wie die Brandung im Meer. Ich kann schreien und kreischen und keifen; die Wände zittern, wenn ich ertöne, und selbst zu den Toten dringt meine Stimme ins Grab. Mit einem Wort: ich bin nicht zu überhören.

Gewiß, sagte Leise. Man hört dich. Aber hört man auch auf dich?

Und ob, dröhnte Laut. Sie haben Respekt vor mir. Was ich sage, wird gemacht.

Zweifelnd sah Leise ihn an.

Da kam in einiger Entfernung ein Kind vorbei.

Wenn alle Welt auf dich hört, sagte Leise, dann wird es dieses Kind sicher auch tun.

Und ob, rief Laut und zum Kind gewandt: Hierher, Kind, komm zu mir!

Erschrocken über das Gebrüll zuckte das Kind zusammen, und anstatt dem Aufruf Folge zu leisten, versteckte es sich hinter einem Baum.

Hast du nicht gehört, schrie Laut. Du sollst herkommen!

Das Kind duckte sich nur noch tiefer.

Wenn du nicht sofort hierherkommst, donnerte Laut in den höchsten Tönen, dann, dann . . .

Das Kind wich noch weiter zurück und fing an zu weinen.

Da ging Leise zu dem Kind. Behutsam und schweigend. Lächelte das Kind an, und das Kind lächelte zurück.

Leise streckte die Hand aus und sagte: Komm, laß uns von hier weggehen.

Hand in Hand gingen die beiden davon.

Laut sah ihnen lange nach.

Margot Litten

Der Winter

Die Pelzkappe voll mit schneeigen Tupfen,
behäng ich die Bäume mit hellem Kristall.
Ich bringe die Weihnacht und bringe den Schnupfen,
Silvester und Halsweh und Karneval.
Ich komme mit Schlitten aus Nord und Nord-Ost.
– Gestatten Sie: Winter. Mit Vornamen: Frost.

Mascha Kaléko

Warum die Familie Schaf manchmal zusammen in einem Bett schläft

Mutter Schaf und Vater Schaf hatten den ganzen Abend Schafskopf gespielt mit ihrer Tochter. Als Vater Schaf anfing zu verlieren, meinte er schnell:

„Lämmchen, es ist Zeit, du mußt jetzt ins Bett."

Und Mutter Schaf fügte hinzu:

„Putz dir bitte die Zähne und friß danach kein Gras mehr."

Als Lämmchen sich zusammengerollt hatte, kamen Vater und Mutter Schaf und wünschten ihr eine gute Nacht.

„Schlaf gut, Lämmchen, und träum schön!"

Doch Lämmchen mähte:

„Ich kann noch nicht schlafen. Ich bin überhaupt nicht müde. Ehrlich!"

„Versuch's – wir gehen noch ein bißchen spazieren. Und wenn wir wiederkommen, schauen wir nach, ob du schon schläfst."

Als sie nach einer Stunde zurückkehrten, lag Lämmchen immer noch wach und schluchzte:

„Wo wart ihr denn so lange? Ich konnte gar nicht einschlafen."

Da beruhigten Vater und Mutter Schaf ihre kleine Tochter und sangen das Lied: „Schlaf, Kindchen, schlaf, dein Vater ist ein Schaf."

Lämmchen fand das Lied so schön, daß sie es noch einmal hören wollte und noch einmal, und dann sangen sie es alle drei.

Der Schäfer wunderte sich, warum die Schafe heute nacht so unruhig waren. Vater Schaf, der keinen Ärger haben wollte und schon selbst zu gähnen anfing, entschied:

„Lämmchen schläft heute nacht bei uns. Aber nur heute nacht! Morgen schläfst du wieder allein, verstanden?"

Lämmchen hatte verstanden. Im Nu war sie auf den Beinen und folgte den Eltern. Zuerst legte sich Vater Schaf hin, und Lämmchen durfte ihn als Kopfkissen benutzen. Dann deckte Mutter Schaf sie mit ihrer eigenen Wolle ganz warm zu.

Lämmchen wollte vor dem Einschlafen noch Schafe zählen, doch weiter als neun kam sie nicht.

Helme Heine

Die Bärlocherin und der Advent

Die Bärlocherin schlurrte die Straße entlang und brummelte vor sich hin. „Kalt ist es, und die Absätze sind schief“, brummelte sie. „Und jetzt fängt es auch noch zu schneien an.“ Und sie schaute auf die Flocken, die sich aufs Pflaster setzten wie winzige Wattetupfer.

„Ausgerechnet jetzt muß es schneien“, brummelte sie. „Damit einen jeder Schritt daran erinnert, daß wir mitten in der Adventszeit sind.“ Sie schlurrte weiter und starrte aufs Pflaster. Orangenschalen lagen da und zerknüllte Tüten und dazwischen die Wattetupfer aus Schnee.

„So eine Schlamperei“, brummelte die Bärlocherin. „Lauter Zeug, das nicht auf die Straße gehört.“ Und mit dem Zeug meinte sie auch die Wattetupfer aus Schnee.

Es gibt halt Zeiten, wo sich alleinige Menschen besonders verlassen fühlen. Und wer noch dazu mit dem verkehrten Fuß aufgestanden ist, den stört einfach alles.

Ein paar Meter weiter sah sie wieder etwas, das nicht auf die Straße gehörte. Ein kleiner Tannenzweig lag da und gleich dahinter noch einer und ein dritter. Aber diesmal schimpfte sie nicht.

„Verlaufen habt ihr euch, ihr kleinen Kerle“, brummelte sie. „Bestimmt kommt ihr aus dem großen Wald. Und nun liegt ihr auf der Straße herum wie irgendein Abfall.“ Und obgleich der Wind recht kalt um die Ecke blies, wurde es ihr ein bißchen warm in der Brust. Sie klaubte die Zweige auf und steckte die Nase hinein.

Ja, so hatte es in der Adventszeit gerochen – damals, als sie noch ein Kind gewesen war – vor langer Zeit. Aber Advent, das war eben nur für Kinder, nicht für eine alte Frau, die ganz mit sich allein lebte.

Und doch hielt sie die Zweige fest, damit ihr keiner verlorenging. Und als sie wieder ein paar traf, tat die Bärlocherin sie zu den andern Zweigen. Das geschah noch ein paarmal. Und als sie alle Hände voll hatte, verschob sie ihre Einkäufe auf morgen und schlurrte heim.

„Das sind aber schöne Zweige", sagte ein Kind, das im selben Haus wohnte. „Die kann man hinlegen, wie man mag. Unser Adventskranz sieht jeden Tag gleich aus."

„Dann komm halt mit und tu sie hin", brummelte die Bärlocherin. „Ich kenn mich da nicht so aus."

„Aber wir brauchen auch eine Kerze", sagte das Kind, als sie ins Zimmer traten. „Soll ich eine holen?"

„Laß nur", brummelte die Bärlocherin. „Eine Kerze wird sich schon finden."

Und es fand sich wirklich eine – unter den wollenen Strümpfen und Hosen.

Dann schob das Kind die Zweige hin und her, bis es ihm richtig gut gefiel. Und die Bärlocherin hielt einen davon an die Kerzenflamme. Das roch so vertraut wie damals, als sie selber noch ein Kind gewesen war. Es war gar nicht so lange her.

Vielleicht ist die Adventszeit auch etwas für alte Leute, dachte sie. Jedenfalls an manchen Tagen.

Eva Marder

Die zwölf Monate

Es war einmal eine Witwe, die hatte eine mißmutige und eine fröhliche Tochter.

An einem Wintertag sagte die Frau: „Nehmt die Schlitten und geht in den Wald Holz sammeln!“

„Es ist mir zu kalt“, sagte die mißmutige Tochter. Und so machte sich die fröhliche allein auf den Weg. Aber unter dem festgefrorenen Schnee war nur wenig Holz zu finden. Da erblickte das Mädchen eine Höhle, in der ein Feuer brannte. „Dort will ich mich ausruhen“, sagte es zu sich selbst. Es fand zwölf Männer um das warme Feuer sitzen.

„Darf ich mich ein wenig aufwärmen?“ fragte das Mädchen.

„Komm nur näher“, sagten die Männer, „der Januar ist ein böser Monat, nicht wahr?“

„Ach nein“, sagte das Mädchen, „ein verschneiter Wald und ein zugefrorener See sind doch wunderschön.“

„Du magst also den Winter?“ fragten die Männer.

„O ja – der Februar ist so lustig mit seinem Fasching, und im März blühen ja schon die ersten Veilchen.“

„Aber der April ist unfreundlich, nicht wahr?“

„Der April ist sehr abwechslungsreich, im Mai wird alles grün, der Juni ist voller Rosen, im Juli und August scheint die Sonne so warm, im September reift das Obst, und der Oktober hat so schönes buntes Laub“, sagte das Mädchen.

„Aber der November kann dir unmöglich gefallen, immerzu Regen“, sagte einer der Männer.

„Ach“, sagte das Mädchen, „ich mag Regen und Nebel, das ist so geheimnisvoll, und den Weihnachtsmonat mag ich besonders.“

Da stand einer der bärtigen Männer auf und sagte: „Wir sind die zwölf Monate, und weil du uns alle so gelobt hast, laden wir deinen ganzen Schlitten voller Brennholz.“

Als das Mädchen zu Hause sein Holz ablud, fielen auch ein paar welke Blätter auf den Boden, und als es genauer hinsah, waren sie aus Gold und Silber.

„Das muß ich auch versuchen“, sagte sich die mißmutige Schwester und machte sich mit dem Schlitten auf den Weg.

Sie fand auch richtig die Berghöhle, das Feuer und rundherum die zwölf Brüder.

„Ich will mich bei euch aufwärmen“, sagte sie.

„Tritt näher“, meinten die Männer, „der Januar ist streng und kalt, da friert man leicht.“

„Die taugen alle nichts, die Monate“, nörgelte das Mädchen. „Der Februar ist matschig, im März und April bekommt man nasse Füße und Schnupfen. Der Mai ist oft auch noch so kalt, im Juni, Juli und August kann man es vor Hitze nicht aushalten, im September fängt die Arbeit mit dem Obst an, im Oktober ist es ewig windig, im November naß und kalt.“

„Aber der Dezember, der gefällt dir doch wohl?“

„Ach, der“, sagte das Mädchen, „da wird es so früh dunkel, daß man den ganzen Tag müde ist.“

„Dann geh heim, die Monate werden dir bringen, was du verdient hast."

Das mürrische Mädchen ging ohne Holz fort. Als es aber zu Hause angelangt war, glitt es auch noch im Schnee aus und brach sich ein Bein. Und es dauerte ein ganzes Jahr, bis es wieder gesund war.

Sibylle Mews

Tannenbäumchen irgendwo

Mitten im Sommer ging der Bauer Sebastian mit seinem Sohn, dem Franzl, in den Wald, um nachzusehen, ob das Gewitter keinen Schaden angerichtet hatte. Plötzlich sah der Franzl ein Tannenbäumchen stehen, grad gewachsen, schön im Geäst und besonders saftig grün.

„Du, Papa!" rief er. „Gell, den kleinen Tannenbaum sägst an Weihnachten ab, der wird unser Christbaum."

„Schon recht", meinte der Vater, „er ist schon vorgemerkt. Ein paar Tage vor Weihnachten wird er geholt. Obwohl, jetzt im Sommer schon an den Christbaum zu denken, ist ganz schön verrückt."

„Weilst vor Weihnachten ja nie Zeit hast", meinte der Franzl, „da sägst ja allweil grad den nächstbesten Baum, und wir haben dann jedesmal so ein ausgehungertes Gwachs."

Als der Sebastian und der Franzl gegangen waren, fühlte sich der Tannenbaum ganz und gar erledigt, fix und fertig, sozusagen. „Nein, so was", jammerte er, „das geht einem ja durch sämtliche Nadeln! Da steht man ahnungslos im Wald, grünt vor sich hin, und was passiert? Der Bauer und sein Sohn bestimmen, daß man an Weihnachten umgesägt wird. Das sagen die einem so eiskalt in der Sommerhitze! Wäre ich ein Mensch, säße ich morgen beim Seelendoktor, denn meine Ruhe ist dahin. Das hält doch kein Baum aus, geschweige denn ein Bäumchen wie ich! Von jetzt an bis Weihnachten auf das Absägen warten! Was mache ich bloß, um mein Unglück abzuwenden?"

Am anderen Tag jedoch sah er die Sache auch von der anderen Seite. Eine Ehre ist das schon, dachte er, als Christbaum in der guten Bauernstube zu stehen, schön geschmückt, mit Christbaumkugeln behängt und oben drauf die Christbaumspitze! Und dann erst die Kinder um mich herum, wenn sie singen und die Geschenke auspacken und sich freuen . . . Da ist man so richtig Mittelpunkt!

Jedoch . . . als der Franzl nach ein paar Wochen wieder in den Wald kam, fand er seinen Tannenbaum nicht mehr. Einfach fort war er!

Und zwar – was der Franzl nicht wissen konnte – ganz einfach ausgerissen, in ein Land, in dem man von Christbäumen nichts weiß.

Dort steht er jetzt, im Lande „Irgendwo" mitten zwischen sonderbaren Bäumen, die er nicht kennt und die es

bei uns überhaupt nicht gibt. Ja, und von wegen Schnee? Dort fällt keiner!

Jetzt, zur Weihnachtszeit, überkommt das Bäumchen doch manchmal das ganz große Heimweh und es denkt ein bißchen wehmütig: Ob das wohl richtig war mit dem Ausreißen? Hätte ich vielleicht nicht doch lieber ein Christbaum werden sollen?

Aber dann schlägt seine Stimmung wieder jäh um und es sinniert: Und was wäre das Ende gewesen? Nach dem Dreikönigstag hätte man mich aus dem Zimmer geworfen, zu Kleinholz gehackt und verschürt.

Dann aber änderte das Bäumchen seine Meinung wieder und klagte: „Ach, wäre ich doch lieber daheim geblieben und ein Christbaum geworden. Lieber kurz gelebt, aber mit viel Glanz. Wer gibt mir nur einen guten Rat?“

Tja, ich fürchte, wenn man so einer ist wie unser Ausreißbaum, dann ist guter Rat wirklich teuer. Manches muß man halt ganz mit sich selbst ausmachen.

Heinrich Ludwig

Fragen an den Weihnachtsmann

Die Turmuhr schlug gerade neunmal, da hörte das Mädchen schlurfende Schritte und Kettengerassel. Es drückte sich noch näher an die Hauswand und schluckte zweimal kräftig, um das Herzklopfen loszuwerden. Die Laterne, die nur einige Schritte entfernt stand, schaukelte leise im Wind. Jetzt trat ein alter Mann aus dem Dunkel und stellte sich direkt unter die Lampe. Das Mädchen nahm seinen ganzen Mut zusammen und ging auf den Mann zu.

Der fuhr erschrocken zusammen und starrte das Mädchen von oben bis unten erstaunt an.

„Was machst du denn um diese Zeit noch hier draußen“, fragte er.

„Ich habe dir aufgelauert.“

„Mir? Wieso?“ fragte der Alte und lächelte.

„Weil du doch offenbar der Nikolaus bist und ich wissen wollte, ob es dich wirklich gibt. Außerdem", fügte das Mädchen hinzu, „wollte ich dich verschiedenes fragen."

„Eigentlich bin ich ja etwas in Eile", meinte der Nikolaus, „aber auf ein paar Minuten rauf oder runter kommt's jetzt nicht mehr an. Also, fang an!"

„Name?" fragte das Mädchen.

„Nikolaus", war die prompte Antwort.

„Manchmal heißt du aber auch Knecht Ruprecht!"

„Richtig", antwortete der Nikolaus und lehnte sich an die Laterne. „In manchen Gegenden heiße ich auch Pelzmärtel, oder die Kinder nennen mich Weihnachtsmann. Ich lebe unter den verschiedensten Namen. In Amerika heiße ich Santa Claus, in England Father Christmas, in Frankreich Père Noël und in Rußland Väterchen Frost."

Das Mädchen lachte. „Das ist lustig!" Dann fragte es gleich weiter: „Alter?"

„Da muß ich erst einmal nachdenken." Der Nikolaus nahm die Finger zu Hilfe und rechnete. „Also, das war um dreihundert. Das sind dann rund tausendsechshundertsiebzig Jahre."

Das Mädchen pfiff durch die Zähne. „Das nenn' ich alt! Aber weiter, Wohnort damals?"

„Myra. Das war eine Stadt in Kleinasien."

„Kenn' ich nicht", meinte das Mädchen. „Beruf?"

„Bischof. Bischof von Myra."

Danach war es eine kleine Weile still. Es hatte wieder angefangen zu schneien, und die Flocken setzten auf die rote Mütze des Mädchens einen weißen Pelz.

„Wieso gibt es dich eigentlich heute immer noch?“ wollte das Mädchen wissen.

„Ach“, seufzte der Nikolaus, „das ist eine lange Geschichte. Ich mochte Kinder immer besonders gern, und da habe ich ihnen eben auch hin und wieder etwas geschenkt. Die Leute fanden das recht nett und lassen mich deshalb seit dieser Zeit jedes Jahr an meinem Namenstag wiederkommen.“

Das Mädchen hatte den Kopf gesenkt, und es fragte jetzt so leise, daß es der Nikolaus kaum verstand: „Und warum bist du noch nie zu mir gekommen?“

Der Nikolaus lächelte, dann sagte er freundlich:

„Weil du nicht an mich geglaubt hast, ganz einfach.“

Gustav Grober

Nikolaus-Abend

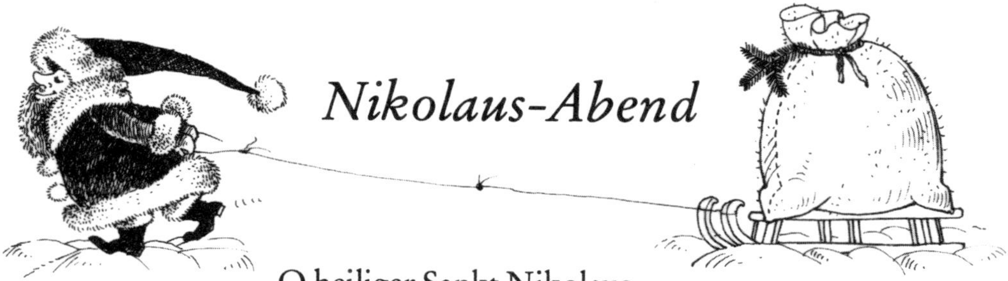

O heiliger Sankt Nikolaus
vergiß nur ja nicht unser Haus
erst links dann rechts dann gradeaus
mit oben etwas Rauch heraus
du find’st uns brav beisammensitzen
und unsre roten Ohren spitzen.

O heiliger Sankt Nikolaus
komm nur herein in unser Haus
setz dich zu uns zum Abendschmaus
und leere deine Taschen aus
und auch den Sack aus bester Jute
dann wünschen wir dir alles Gute.

O heiliger Sankt Nikolaus
wir wetten hier bei uns zu Haus
gefällt's dir sicher überaus
drum laß' den Krampus lieber drauß
du kannst uns auch allein bescheren
er soll derweil die Straße kehren.

O heiliger Sankt Nikolaus
vergißt du aber unser Haus
und gehn wir wieder mal leer aus
dann machen wir uns auch nix draus
dann bitten wir den Onkel Schmied
der dir verteufelt ähnlich sieht.

Richard Bletschacher

Anton ist ein Papagei

Es war einmal ein Papagei. Der hieß Anton und gehörte Herrn Müller. Wenn Herr Müller von der Arbeit kam, sagte er: „Grüß dich, Anton."

Und der Anton sagte: „Grüß dich, Müller."

Das hörte Herr Müller nicht besonders gern. „Ich heiße Herr Müller", sagte er.

„Ich heiße Herr Müller", wiederholte Anton. „Ich heiße Anton Herr Müller."

„Das ist doch Unsinn", sagte Herr Müller. „Du heißt Anton Müller. Ich heiße Herr Müller."

„Du heißt Anton Müller", sagte der Papagei. „Ich heiße Anton Herr Müller."

Das sagten die beiden jeden Abend. Was dann kam, hing von Anton ab und auch von Herrn Müller.

„Halt die Klappe", sagte Herr Müller an einem Dienstagabend. Er zog die Schuhe aus und machte das Radio an.

„Hier ist der Bayerische Rundfunk mit seinen Nachrichten", sagte das Radio.

„Hier ist Anton Herr Müller mit Nachrichten", sagte Anton. „Der Käfig ist fad. Der Käfig ist eng. Der Käfig stinkt."

Anton war kein Papagei, der alles nachplapperte. Er sammelte Worte, und die benutzte er dann. Das meiste schnappte er vom Radio auf und von den Kindern aus dem Haus. Die kamen manchmal vorbei, weil sie den Anton sehen wollten.

„Wir bringen Sportnachrichten", sagte das Radio.

„Ich bringe Käfignachrichten", sagte Anton. „Kein Wasser im Käfig. Kein Futter im Käfig. Nur Anton ist im Käfig und viel Dreck."

Herr Müller schaute in den Käfig und schämte sich. Der Käfig war wirklich dreckig. Der Wassernapf war knochentrocken. Im Futternapf war nicht das kleinste bißchen Futter.

„Tut mir leid", sagte Herr Müller.

„Mir auch", sagte Anton. „Ich hab' Durst. Ich hab' Hunger. Es stinkt."

Herr Müller schämte sich immer mehr. Deshalb fing er am verkehrten Ende an und machte erst mal den Käfig sauber.

„Ich hab' Durst", sagte Anton.

„Ja, ja, ja", sagte Herr Müller und tat eine Handvoll Körner in den Wassernapf.

„Ich hab' Durst", sagte Anton. „Der Dreck ist weg. Das Futter ist da. Aber kein Wasser."

„Tut mir leid", sagte Herr Müller.

„Mir auch", sagte Anton. „Ich hab' Durst."

„Ja, ja, ja", sagte Herr Müller und goß Wasser in den Futternapf. „Sonst noch was?"

„Setz dich, Müller, und halt die Klappe", sagte Anton. „Das Radio redet. Ich will hören."

So kam es, daß Anton am nächsten Abend wieder ein neues Wort sagen konnte. „Tor!" rief er, als Herr Müller von der Arbeit kam. „Tor!"

Eva Marder

Wintergedicht

Den Wiesen und Feldern ist kalt geworden
vom eisig-rauhen Wind aus Norden,
haben sich drum zugedeckt
und Halme und Gräser im Schnee versteckt.
Die Farben, mit denen der Sommer geprahlt,
sind vom Weiß des Winters übermalt,
still und verlassen liegt nun das Land,
die Welt trägt ihr hochgeknöpftes Gewand.
Doch sacht vollzieht sich unter der Erde
der uralte Traum von Stirb und Werde.

Margot Litten

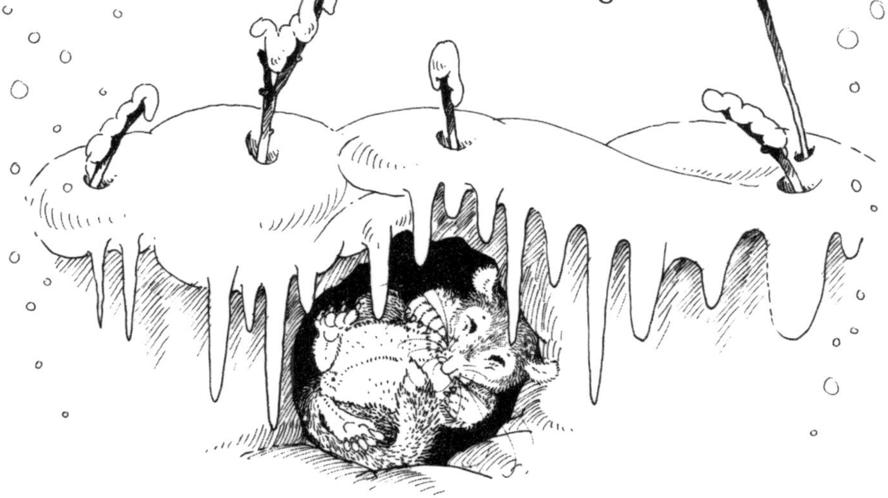

Weihnachten 1944

Es regnet. Kleine Regenbäche laufen die Fensterscheibe entlang. Auf dem Adventskranz brennen zwei Kerzen. Martina sitzt auf der Eckbank in der Küche. Sie strickt an einem tintenblauen Handschuh. Mutter strickt auch an einem tintenblauen Handschuh. Martina will die Handschuhe ihrem Vater zu Weihnachten schenken.

„Ein Glück, daß du mir hilfst", sagt Martina und steckt ein Vanilleplätzchen in den Mund. „Allein würd' ich nie rechtzeitig fertig werden." Die Mutter zieht den Wollfaden lang. Sie hat auch mal Handschuhe für ihren Vater gestrickt, und da hat ihre Mutter auch geholfen.

Das war Weihnachten 1944, da war die Mutter so alt wie Martina heute ist: elf Jahre. Da war immer noch Krieg. Da stand sie mit ihrer Mutter ganz allein unterm Tannenbaum im Wohnzimmer. Ihr Vater war Soldat, und ihr Bruder war Soldat, obwohl der erst achtzehn war. Sie wußten nicht, ob Bruder und Vater noch lebten.

„Und trotzdem hast du ihm Handschuhe zu Weihnachten gestrickt?"

„Ja!" Die Mutter nickt. Sie lagen unterm Tannenbaum, grau und dick. Großmutter hatte dafür extra ihren Schal hergegeben, den sie aufgeribbelt hatten. Denn es gab ja keine Wolle zu kaufen.

„Es gab keine Wolle?" wundert sich Martina.

„Keine Wolle, keine Kerzen, keine Kohlen und kaum etwas zu essen", erzählt die Mutter.

Sie erinnert sich genau, daß sie vor Kälte am Heiligen Abend kaum „Stille Nacht, heilige Nacht“ singen konnte. Großmutter sang allein, dabei liefen ihr die Tränen übers Gesicht.

Sie erinnert sich auch an die vier roten Kerzen, die die Großmutter von einer Nachbarin bekommen hatte. Vier Stück, eine für Vater, eine für Johannes, eine für Großmutter und eine für die Mutter. Die brannten an der kleinen grünen Tanne, aber wärmen konnten sie nicht.

„Hast du auch einen Wunschzettel geschrieben, was du dir zu Weihnachten gewünscht hast?“

Die Mutter legt ihr Strickzeug zur Seite. Sie hat einen Wunschzettel geschrieben. Aber einen ganz anderen als Martina. Auf ihrem Wunschzettel stand, daß sie sich Frieden wünscht, endlich Frieden. Daß der Krieg endlich aus sein soll. Daß Vater und Johannes an Weihnachten heimkommen. Und daß sie sich endlich einmal wieder satt essen kann. Denn Mutter hatte immer Hunger gehabt. Der saß im Bauch, im Kopf und in den Beinen. Sogar in der Nacht, in ihren Träumen, war der Hunger da.

„Auch am Heiligen Abend?“

In Mutters Gesicht kommt ein kleines Lachen. Da gab es richtige Bratwürste, mit Bratkartoffeln, eine Extrazuteilung auf den Lebensmittelkarten.

Ob sie denn gar keine Geschenke bekommen hat?

Doch, ein Etui für die Schule, aus brauner Wellpappe. Drin waren ein Federhalter und zwei Federn und ein Lineal und sechs Buntstifte.

Das war so schön. Die Mutter sieht es vor sich, wenn

sie die Augen zumacht. Und ein Märchenbuch war auch da.

„Hast du dann unterm Tannenbaum gelegen und gelesen?"

Das mag Martina so gern.

Aber die Mutter konnte nicht unterm Tannenbaum lesen. Dazu war es viel zu kalt. Sie ist mit der Großmutter ins Bett gekrochen. Und sie haben sich gewärmt. Und die Großmutter hat erzählt.

„Wovon hat sie denn erzählt?"

„Von früher, von Weihnachten, als sie, Großmutter, ein kleines Mädchen war."

Martina legt den Kopf zur Seite. Sie rückt ein bißchen näher zur Mutter und will unbedingt wissen, wie es denn früher bei Großmutter am Heiligen Abend gewesen ist.

Ursula Fuchs

Zuviel Weihnachten

„Entsinnst du dich noch", fragte im Paradies der Tiere die Seele des Eselchens die Seele des Ochsens, „entsinnst du dich noch zufällig jener Nacht vor vielen Jahren, als wir in einer Art Hütte standen, und gerade dort in der Krippe . . .?"

„Laß mich nachdenken! Ja richtig", bestätigte der Ochse, „in der Krippe lag ein neugeborenes Kind. Wie hätte ich das vergessen können? Es war ein so schönes Kind."

„Seit damals, wenn ich nicht irre", sagte nun das Eselchen, „weißt du, wie viele Jahre seit damals vergangen sind?"

„Wo denkst du hin, ich mit meinem Ochsengedächtnis."

„Eintausendneunhundertneunundsiebzig."

„Was du nicht sagst!"

„Und im übrigen, weißt du übrigens, wer das Kind gewesen ist?"

„Wie soll ich das wissen. Es waren doch Leute auf der Durchreise. Sag mir, wer war es?"

Das Eselchen flüsterte etwas ins Ohr des Ochsen.

„Aber nein", sagte dieser verblüfft, „wirklich? Du scherzt doch wohl nur?"

„Nein, es ist die reine Wahrheit. Ich schwöre . . . Seit damals feiern die Menschen jedes Jahr ein großes Fest zu seinem Geburtstag. Es gibt keinen schöneren Tag für sie. Wenn du sie nur sehen könntest. Es ist eine Zeit allgemeiner Heiterkeit, der Freude, des Friedens. Weihnacht nennen es die Menschen. Soll ich sie dir zeigen?"

„Wen?"

„Die Menschen, die Weihnachten feiern."

„Wo?"

„Unten auf der Erde."

„Warst du schon einmal dort?"

„Jedes Jahr mache ich einen Sprung hinunter."

Sie setzten sich in Bewegung, und unendlich leicht, wie

es körperlosen Säugetieren eigen ist, schwebten sie vom Himmel auf die Erde. Bald entdeckten sie ein Licht und hielten darauf zu. Aus einem wurden Tausende, es war eine riesenhafte Stadt.

Und da durchwanderten nun Eselchen und Ochse, unsichtbar, die Straßen des Zentrums. Es war wirklich ein eindrucksvolles Schauspiel: Tausende von Lichtern in den Schaufenstern, Girlanden, unzählige Tannenbäume; die

Autoschlangen und das wirbelige Gewimmel und Hin und Her der Menschen, die sich in den Läden drängten, hinein- und wieder herausströmten, sich mit Paketen und Paketchen beluden und alle gespannte Gesichter hatten, als würden sie gejagt.

Das Eselchen schien bei diesem Anblick wie verzückt, während der Ochse sich voller Entsetzen umsah.

„Höre, Freund Eselchen, du hast mir gesagt, daß du mir Weihnachten zeigen wolltest! Du hast dich wohl geirrt. Ich sage dir, hier ist doch Krieg!"

„Siehst du denn nicht, wie zufrieden alle sind?"

„Zufrieden? Mir kommen sie wie Wahnsinnige vor.

Sieh doch auf ihre besessenen Gesichter, ihre fiebrigen Augen."

„Du verstehst die modernen Menschen nicht", antwortete der Esel. „Um sich zu unterhalten, um sich zu freuen, um sich glücklich zu fühlen, haben sie es nötig, ihre Nerven zu ruinieren."

Dank seiner körperlosen Natur flog der Ochse neugierig zu einem Fenster im siebten Stock hinauf. Das Eselchen folgte gutmütig. Da saßen Leute mit Schweißperlen auf der Stirn und in Aufregung und schrieben Glückwünsche auf Glückwunschkarten. Überall, wo die beiden Tiere hineinschauten, richteten Männer und Frauen Päckchen, schrieben Adressen, liefen ans Telefon, eilten blitzschnell von einem Zimmer ins andere, Schnüre, Bänder und Gehänge tragend. Und alle blickten immer nach der Uhr, alle hasteten, alle keuchten, von Furcht besessen, nicht zur Zeit fertig zu werden.

„Du hast mir doch gesagt", bemerkte der Ochse, „daß es ein Fest der Heiterkeit, des Friedens und der Ruhe sei."

„Tja", antwortete das Eselchen, „einmal war es auch so. Aber was soll ich dir sagen, seit einigen Jahren scheinen die Menschen beim Nahen des Weihnachtsfestes verrückt zu spielen. Hör ihnen doch zu."

Verwundert hörte der Ochse hin. Überall sprachen die Menschen schnell miteinander und wechselten, wie Automaten, monotone Redensarten: „Fröhliche Weihnachten" – „Gesegnete Weihnachten" – „Danke, auch Ihnen" – „Fröhliche Weihnachten" – „Gesegnete Weihnachten" – Es war ein Geflüster, das die ganze Stadt erfüllte.

„Glauben sie denn daran?“ fragte der Ochse, „meinen sie es wirklich so?“

Das Eselchen schwieg.

„Erinnerst du dich noch“, fragte der Ochse, „damals in Bethlehem, an die Hütte, die Hirten und das schöne Kind? Auch dort war es kalt, aber welcher Frieden, welche Zufriedenheit. Wie anders war es damals.“

„Ja, und die drei reichen Herren, die Geschenke brachten? Wie wohlerzogen sie waren, wie leise sie zusammen sprachen. Könntest du dir sie heute in diesem Rummel vorstellen?“

„Und der Stern? Denkst du noch an den hellen Stern, der damals gerade über der Hütte stand? Ob es ihn wohl heute noch gibt?“

„Ich fürchte, nein“, sagte der Ochse skeptisch, „es sieht so wenig nach Sternen hier aus.“

Sie hoben ihre Köpfe, und wirklich, man sah nichts. Über der Stadt lag eine Decke dichten Nebels.

Dino Buzzati

Weihnachtsmaus

Es gibt ja – wie du weißt – verschiedene Mäuse – Feldmäuse zum Beispiel, Wühlmäuse, Haselmäuse und so weiter. Aber hast du auch schon mal von der Weihnachtsmaus gehört?

Die Weihnachtsmaus ist sonderbar
(Sogar für die Gelehrten),
Denn einmal nur im ganzen Jahr
Entdeckt man ihre Fährten.

Mit Fallen oder Rattengift
Kann man die Maus nicht fangen.
Sie ist, was diesen Punkt betrifft,
Noch nie ins Garn gegangen.

Das ganze Jahr macht diese Maus
Den Menschen keine Plage.
Doch plötzlich aus dem Loch heraus
Kriecht sie am Weihnachtstage.

Zum Beispiel war vom Festgebäck,
Das Mutter gut verborgen,
Mit einemmal das Beste weg
Am ersten Weihnachtsmorgen.

Da sagte jeder rundheraus:
Ich hab' es nicht genommen!
Es war bestimmt die Weihnachtsmaus,
Die über Nacht gekommen.

Ein andres Mal verschwand sogar
Das Marzipan vom Peter,
Was seltsam und erstaunlich war,
Denn niemand fand es später.

Der Christian rief rundheraus:
Ich hab' es nicht genommen!
Es war bestimmt die Weihnachtsmaus,
Die über Nacht gekommen!

Ein drittes Mal verschwand vom Baum,
An dem die Kugeln hingen,
Ein Weihnachtsmann aus Eierschaum
Nebst andren leckren Dingen.

Die Nelly sagte rundheraus:
Ich habe nichts genommen!
Es war bestimmt die Weihnachtsmaus,
Die über Nacht gekommen!

Und Ernst und Hans und der Papa,
Die riefen: Welche Plage!
Die böse Maus ist wieder da,
Und just am Feiertage!

Nur Mutter sprach kein Klagewort.
Und sagte unumwunden:
Sind erst die Süßigkeiten fort,
Ist auch die Maus verschwunden!

Und wirklich wahr: Die Maus blieb weg,
Sobald der Baum geleert war,
Sobald das letzte Festgebäck
Gegessen und verzehrt war.

Sagt jemand nun, bei ihm zu Haus –
Bei Fränzchen oder Lieschen –
Da gäb es keine Weihnachtsmaus,
Dann zweifle ich ein bißchen!

Doch sag ich nichts, was jemand kränkt!
Das könnte euch so passen!
Was man von Weihnachtsmäusen denkt,
Bleibt jedem überlassen!

Diese Weihnachtsmaus! – Ist sie bei dir daheim auch schon aufgetaucht?

James Krüss

Annes Bescherung

Weihnachten war schön gewesen, aber Weihnachten ist schon lange vorbei, mindestens vier Tage.

Anne sitzt in ihrem Kinderzimmer und kramt in ihren neuen Spielsachen herum. So viele hat sie geschenkt bekommen, tolle Sachen, solche, die sie gut brauchen kann, und auch solche, die sie nicht so gut brauchen kann. Den Ball zum Beispiel, den braucht sie nicht, denn sie hat ja schon vier Bälle. Und ein Bilderbuch hat sie gleich zweimal bekommen. Und den Holzpuzzlepapagei, den hat sie auf Anhieb zusammensetzen können, das ist doch was für ganz Kleine. Auf dem Naschteller lagen ziemlich viele Marzipanschweine, und Marzipanschweine mag Anne nicht. Aber sonst, sonst lagen wirklich tolle Sachen unterm Christbaum: eine Schibrille und ein Haufen Indianer und eine Taschenlampe und . . . und . . . und am allerschönsten, überlegt Anne, war doch die Bescherung. Beschert zu werden ist herrlich. Das Warten vor der Tür, dann klingelt's leise, dann geht die Tür auf, und erst sieht man bloß den Lichterbaum und dann nach und nach die Geschenke . . . ein herrliches Gefühl.

Anne seufzt. Schade, daß sie schon vorbei ist, die Bescherung. Die geht immer so schnell vorbei. Das Christkind könnte ruhig öfter kommen . . . jetzt zum Beispiel, wo's doch jetzt grad ein bißchen langweilig ist.

Mißmutig läßt Anne den überflüssigen Ball hopsen . . . vielleicht könnte sie ja noch mal, nur so für sich, Weihnachten spielen? Geschenke aufbauen, rausgehen, klingeln, reinkommen und so . . . aber für sich allein Christkind spielen, das ist blöd. Anne denkt nach. Man müßte für jemand anders Christkind spielen und Geschenke aufbauen . . . aber für wen? Die Mama hat keine Zeit, das weiß Anne, und der Papa auch nicht.

Da fällt ihr plötzlich was ein. Die alte Frau Schrimpel, die so schlecht laufen kann und ganz alleine unter ihnen wohnt, die hat doch mal gesagt, sie freut sich nicht auf Weihnachten; denn zu ihr käme das Christkind ja nicht, das käme ja bloß zu den Kindern. Anne springt auf, das ist doch die Idee. Sie beschert die Frau Schrimpel. Wird die sich aber freuen. Schnell packt Anne den Ball, den Holzpuzzlepapagei und das doppelte Bilderbuch zusammen, und die Marzipanschweine klaubt sie auch noch vom Naschteller. Und so beladen marschiert sie die Treppe runter und klingelt bei der Frau Schrimpel.

„Ja, so was", sagt die, als sie Anne vollbepackt vor sich stehen sieht.

Anne sagt nichts, sondern marschiert geradewegs in Frau Schrimpels Wohnstube, dort kommandiert sie: „Umdrehen, nicht hergucken, beschert wird."

Rasch baut sie die Sachen auf dem Wohnzimmertisch auf und ruft: „Klingelingeling, umdrehen!" Und als die verblüffte Frau Schrimpel näher humpelt, sagt sie: „Ich bin das Christkind, freuen Sie sich?" Und sie deutet auf die Geschenke und macht ein stolzes Gesicht.

„Aber Weihnachten ist doch lang vorbei", stottert die Frau Schrimpel und setzt sich schwerfällig hin.

„Macht doch nix", sagt Anne und schüttet ihr alle Marzipanschweine in den Schoß.

„Macht doch was", sagt die Frau Schrimpel und schüttelt den Kopf, „man soll nämlich die Feste feiern da, wo sie hingehören."

Anne schaut verwundert.

„Und", sagt die Frau Schrimpel, greift mit ihren wackligen alten Händen nach dem Ball, der sofort auf den Boden hopst, „Geschenke soll man schenken, wenn man vorher nachgedacht hat."

Anne steht da und schämt sich und hat plötzlich gar keine Lust mehr, Christkind zu spielen.

Doch da lacht die Frau Schrimpel, greift nach der beschämten Anne, zieht sie zu sich her und wispert ihr ins Ohr: „Du Christkindl, du, ich freue mich ja, ich freue mich sogar sehr. Weil du mich besuchen gekommen bist. Ich danke dir schön!" Und sie greift nach einem Marzipanschwein in ihrem Schoß und beißt kräftig hinein.

Anne schluckt, und dann ruft sie ganz laut: „Jetzt weiß ich was, jetzt bin ich nicht mehr das Christkind, jetzt bin ich Besuch, ja?"

„Fein", sagt die Frau Schrimpel und steht mühsam auf, „dann koche ich uns Kakao, willst du?"

„Klar", ruft Anne und ist ziemlich froh, „aber als Christkind komme ich wieder, im nächsten Jahr, und zwar rechtzeitig, ja?"

„Klar", sagt die Frau Schrimpel und tappelt in die Küche, „und ich danke auch schön!"

Gudrun Mebs

Zur Jahreswende

Die Horoskope hatten recht:
Das alte Jahr war manchmal schlecht,
und manchmal war es gut.
Das neue wird genauso sein:
Zur Hälfte Glück, zur Hälfte Pein.
Nur Mut, nur Mut, nur Mut!

So manche Hoffnung ward erfüllt,
so manche Sorge nie gestillt,
oft war es unbequem.
Das neue Jahr wird auch so sein:
Zur Hälfte groß – zur Hälfte klein.
Trotzdem, trotzdem, trotzdem!

Eva Rechlin

Quellennachweis

Richard Bletschacher: *Löwenzahnschmerzen; Nikolaus-Abend; Schlafliedchen* und *Die Wolkenschimmel,* aus: „Der Mond liegt auf dem Fensterbrett. © Österreichischer Bundesverlag, Wien, 1982.

Elisabeth Borchers: *März,* aus: Elisabeth Borchers, Und oben schwimmt die Sonne davon. © Verlag Heinrich Ellermann, München, 1965.

Georg Britting: *Hinterm Zaun.* Mit freundlicher Genehmigung der Nymphenburger Verlagshandlung, München.

Cabanis: *Spatzenbitte,* aus: „Das schönste Fest", herausgegeben von Juliane Metzger. © Annette Betz Verlag, Wien-München, 1970.

Hermann Claudius: *Apfel-Kantate,* aus: „In meiner Mutter Garten". © C. Bertelsmann Verlag, München, 1953.

Hubert Endhardt: *Herr Ka* und *Opa,* aus: „fürs Mareile".© Esslinger Press, Esslingen, 1983.

Roswitha Fröhlich: *Kaffeeklatsch,* aus „Kichererbsen". © Spectrum Verlag, Stuttgart, 1982.

Ursula Fuchs: *Ich will einmal die Uhr am Turm anfassen* und *Schni! Schni! Schni!,* aus: „Die kleine Bärin stinkt nicht". © Anrich Verlag, Modautal-Neunkirchen, 1981.
Dies.: *Weihnachten 1944,* aus: „Emma oder die unruhige Zeit". © Anrich Verlag, Modautal-Neunkirchen, 1979.

Peter Hacks: *Wiese, grüne Wiese,* aus: „Der Flohmarkt". © Der Kinderbuchverlag, Berlin–DDR, 1965.

Heinrich Hannover: *Herr Böse und Herr Streit,* aus: „Ich und du und die ganze Welt", herausgegeben von Gertraud Middelhauve. © Gertraud Middelhauve Verlag, Köln, 1980.

Klaus Hoffmann: *Das Wunschlied; Der Fernsehstar,* aus: „Das Musik-Spielmobil". © Verlag „pläne", Dortmund.

Mascha Kaléko: *Der Frühling; Der Sommer; Der Herbst* und *Der Winter,* aus: „Wie's auf dem Mond zugeht". © Jan Thorbecke Verlag, Sigmaringen, 1982.

Kurt Kölsch: *Löwenzahn,* aus: „Musik in der Schule", Band 4, herausgegeben von Egon Kraus und Felix Oberborbeck. Möseler Verlag, Wolfenbüttel.

Erich Kuby: *Hasenmanöver,* aus: Rabe, Fuchs und Löwe". © Franz Ehrenwirth Verlag, München, 1965.

Ernst Penzoldt: *Warum es keinen Krieg geben kann,* aus: „Die Liebenden" – Prosa aus dem Nachlaß. © Suhrkamp Verlag, Frankfurt/M., 1958.

Margret Rettich: *Doktor Schimmel und Fräulein Maus,* aus: „Tierpraxis Doktor Schimmel". © Loewes Verlag, Bayreuth, 1980.

Antoine de Saint-Exupéry: *Der Kleine Prinz lernt den Fuchs kennen,* aus: „Der Kleine Prinz". © Karl Rauch Verlag, Düsseldorf, 1956.

Johannes Gaudenz von Salis Seewis: *Herbstlied,* aus: „Im letzten Glühen – Herbstgedichte", ausgewählt und herausgegeben von Etta Reich. Arche Verlag, Zürich, 1964 (Arche-Bücherei 403/404).

Paul Schaaf: *Babuschka und die drei Könige,* aus: Paul Schaaf, Babuschka und die drei Könige, herausgegeben von Gertraud Middelhauve. © Gertraud Middelhauve Verlag, Köln.

Wolfdietrich Schnurre: *Lieben heißt loslassen können,* aus: „Schnurren und Murren". © Georg Bitter Verlag, Recklinghausen, 1974.

Wir danken allen Lizenzgebern für die freundliche Zustimmung zum Abdruck dieser Texte.